AI로 완성하는 고수익 유튜브 운영비법

오랜 기간 광고 대행사를 운영하며 수십여 개의 유튜브 채널을 관리해왔고 현재도 여러 채널을 운영하며 성과 분석과 개선 사례를 바탕으로 유튜브 생태계를 연구하고 있습니다. 언급하면 다 아는 유명 채널들도 초반에 컨설팅을 많이 했습니다.

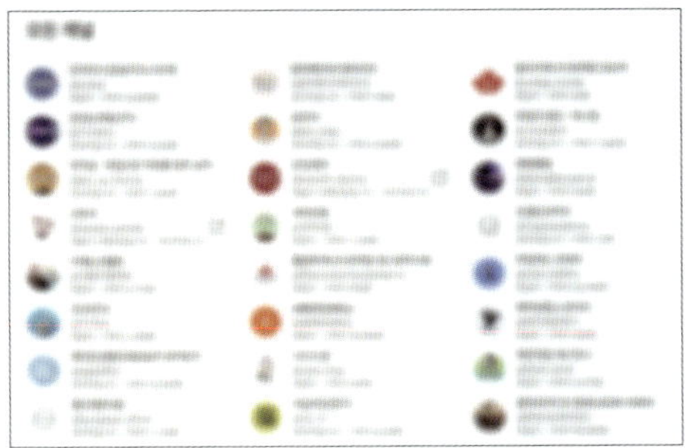

▲ 현재 관리하는 유튜브 채널로 기업 프라이버시를 위해 블러 처리했습니다.

다수의 채널 운영 경험을 통해 유튜브 알고리즘의 작동 방식부터 콘텐츠 기획, 조회수 성장, 수익화 전략까지 실전에서 검증된 노하우를 축적했고, 현재는 이러한 경험을 바탕으로 '디스이즈머니' 채널을 운영하며 성장 전략을 직접 실험하고 있습니다.

직장인, 사업가, 주부, 퇴직자 등 누구에게나 유튜브는 꼭 잡아야 할 기회입니다. 초기 비용 부담이 없고, 시간과 노력이 누적되는 구조이며, 장기 성장형 미디어 플랫폼이라는 점에서 충분히 도전해 볼 만합니다.

다양한 사업을 경험하고 수많은 멘토링을 진행하며, 유튜브는 이제 선택이 아니라 반드시 해야 하는 플랫폼이라는 확신에 이르렀습니다. 유튜브를 하는 사람과 하지 않는 사람의 차이는 앞으로 더욱 커질 것입니다.

아직 늦지 않았습니다. 지금 시작하세요.

이 책은 유튜브를 시작하고, 성장시키고, 수익화하는 데 필요한 모든 노하우를 체계적으로 담았습니다. 단순한 이론이 아니라 실제 적용할 수 있는 전략을 정리했기에, 실전에 바로 활용할 수 있습니다. 유튜브를 통해 새로운 기회를 만들고 싶은 분들, 보다 효율적으로 채널을 운영하고 싶은 분들에게 많은 도움이 되기를 바랍니다. 여러분의 채널 성장과 성공을 진심으로 응원합니다.

2026.01

현승효(디스이즈머니)

Q 직장을 다니고 있어서 시간이 부족한데, 쇼츠와 롱폼을 병행하는 게 너무 벅차지 않을까요?

A 시간 관리는 모든 유튜버의 고민입니다. 하지만 처음부터 완벽하게 시작하기보다는 '꾸준함'을 목표로 삼는 것이 중요합니다. 쇼츠는 상대적으로 제작 시간이 짧으니 평일에 틈틈이 제작하고, 롱폼은 주말을 이용해 제작하는 등. 자신의 생활 패턴에 맞춰 전략적으로 접근할 수 있습니다. 처음에는 쇼츠로 가볍게 시작하여 채널의 루틴을 만들고, 점차 롱폼으로 확장해 나가는 방식을 추천해 드립니다.

Q 50대, 60대 이상의 나이인데도 유튜브를 할 수 있을까요?

A 물론입니다. 최근에는 젊은 층보다 40대, 50대 이상의 분들이 더 많습니다. 유튜브는 나이와 상관없이 누구나 자신의 이야기를 펼칠 수 있는 공간입니다. 오히려 중장년층이 가진 풍부한 인생 경험과 깊이 있는 통찰력은 젊은 세대가 흉내 낼 수 없는 훌륭한 콘텐츠가 됩니다. 나이는 숫자에 불과하며 여러분의 이야기는 누군가에게 꼭 필요한 지혜가 될 것입니다.

Q 인터넷에 있는 사진이나 영상을 가져다 쓰면 저작권 문제가 생기지 않을까요?

A 유튜브 운영 시 저작권은 가장 주의해야 할 부분입니다. 인터넷에 떠도는 이미지를 무단으로 사용하면 채널 삭제나 법적 문제가 발생할 수 있습니다. 하지만 너무 겁먹을 필요는 없습니다. 본문에서 상업적으로 무료 이용이 가능한 이미지, 영상 소스 사이트 리스트 등 저작권과 관련한 사항에 대해 상세히 안내하고 있습니다. 알려드린 가이드라인만 잘 지킨다면 안전하게 콘텐츠를 제작하실 수 있습니다.

Q 회사나 지인들이 제가 유튜브 하는 걸 알게 될까 봐 걱정됩니다.

A 얼굴 노출 없는 채널의 가장 큰 매력이 바로 완벽한 '익명성'입니다. 얼굴은 물론이고 닉네임을 사용해 목소리마저 AI 성우를 활용한다면 가족조차 모르게 채널을 운영할 수 있습니다. 실제로 많은 직장인이 회사 생활에 전혀 지장을 주지 않으면서, 퇴근 후 비밀스럽게 제2의 월급 통장을 만들고 있습니다. 사생활 노출 걱정 없이 오직 수익 창출에만 집중하면 됩니다.

본문에서 분량과 흐름상 충분히 다루지 못한 내용은 저자의 유튜브에서 확인할 수 있습니다. 책을 읽은 뒤 유튜브를 함께 참고하면 내용을 보다 입체적으로 이해할 수 있을 겁니다.

차례

일러두기

– 이 책에서는 저자의 말맛을 살리기 위해 일부 용어를 표준 맞춤법이나 외래어 표기법과 다르게 표기했습니다.
– 이 책에서는 'AI'와 'AI 도구'라는 표현을 상황에 따라 혼용해 사용했습니다.

Chapter 01

유튜브 시작 전, 마인드셋

유튜브,
지금 당장 시작하세요!

유튜브에서 수많은 채널과 화려한 영상들을 보면 지금 유튜브를 시작하는 것이 무모하게 느껴질지도 모릅니다. 하지만 실무자의 시각으로 차분히 시장을 들여다보면 정반대의 결론에 도달합니다.

유튜브는 이제 단순한 취미나 여가 활동의 무대가 아닙니다. 비용 효율성이 가장 높은 개인 사업의 인프라이자, 브랜드 경쟁력을 강화하는 핵심 자산으로 활용되고 있습니다. 여전히 대다수가 시청자로 머물러 있는 불균형의 시대에 콘텐츠를 발행하며 운영자로 나서는 소수만이 막대한 기회를 독점할 수 있습니다.

Lesson 01 에서는 유튜브 시작이 늦었다는 오해를 깨고, 성공적인 미래를 위한 필수적인 투자임을 명확한 근거로 보여드리겠습니다. 나아가 광고 수익을 넘어선 사업 확장, 잠재 고객 풀 확보 그리고 곧 도래할 유튜브 쇼핑 시장을 선점하기 위한 실행 기준의 지침도 살펴보겠습니다.

유튜브는 아직 블루오션입니다

'유튜브, 이제 끝물 아닌가요?' 많은 사람이 묻습니다. 하지만 단언컨대 유튜브는 아직 블루오션입니다. 사람들은 시장이 포화 상태라고 생각하지만 실상은 그렇지 않습니다. 전 국민이 유튜브를 보아도 영상을 직접 만들어 올리는 '생산자'는 극소수이기 때문입니다. 대다수가 소비자로 남아있을 때 생산자의 위치로 넘어가는 순간 기회의 문이 열립니다. 마치 99%가 지갑을 열어 돈을 쓸 때 돈을 버는 1%가 되는 셈입니다.

유튜브는 더 이상 심심할 때 찾는 놀이터가 아닙니다. 월급 이외에 수익을 빠르게 만들 수 있는 강력한 부업 수단이자 사업을 키우는 마케팅 본부입니다. 단순한 조회수 수익을 넘어 상품을 판매하고, 지식과 경험을 비즈니스로 연결할 수 있기 때문입니다. 그렇다면 왜 '지금 당장' 시작해야 할까요? 실무적인 관점에서 확실한 이유를 정리해 보겠습니다.

▶ 모든 업종에 적용 가능

음식, 패션, 교육은 물론 농업 및 제조업과 같은 전통 산업까지 유튜브는 고객을 가장 빠르게 만날 수 있는 창구입니다. 꼭 연예인처럼 끼가 넘치거나 말을 잘해야 할까요? 아닙니다. 농사짓는 과정, 공장에서 기계 돌아가는 소리, 심지어 타일 시공하는 모습조차 훌륭한 콘텐츠가 됩니다. 방송국은 다룰 수 없는 이런 '진짜 현장'의 모습이 시청자에게는 신선한 정보가 되기 때문입니다. 남들이 보기에 평범한 내 일상이 유튜브에서는 돈이 되는 콘텐츠로 바뀌는 겁니다.

▶ 틈새 시장(니치)에 유리

대형 유튜버와 경쟁하지 않아도 됩니다. '넓은 주제'보다 '깊은 주제'로도 충분히 시장 공략이 가능합니다. 단순하게 '요리'를 다루기보다 '자취생을 위한 5분 편의점 레시피'처럼 주제를 좁힐 때, 시청자의 충성도는 높아집니다. 전 세계를 무대로 한다면 아무리 사소한 취향이라도 거대한 시장이 됩니다. 대기업과 싸우지 않고도 나만의 깃발을 꽂을 수 있는 영역은 아직 무궁무진합니다.

▶ 축적의 힘, 디지털 자산

직장인은 출근하지 않으면 월급이 끊기지만 유튜브는 다릅니다. 오늘 업로드한 영상 하나가 1년 뒤에도 수익을 가져다주는 '디지털 자산'이 됩니다. 초기 자본 없이 오직 나의 지식과 경험을 영구적인 수익 파이프라인으로 바꿀 수 있습니다. 영상이 쌓일수록 수익도 쌓이는 구조, 이것이 유튜브가 단순한 부업을 넘어선 기회인 이유입니다.

1-2
유튜브는 내 사업의 홍보 수단입니다

유튜브 수익이라고 하면 조회수 광고 수익만 떠올리기 쉽습니다. 하지만 진짜 큰돈은 유튜브를 내 사업의 홍보 수단으로 활용할 때 들어옵니다. 유튜브는 전단지와 유료 광고처럼 돈을 지불하고 뿌리는 것이 아닙니다. 사람들이 스스로 찾아와 영상을 시청하며 신뢰를 형성하는 가장 효율적이면서도 비용 부담이 적은 마케팅 도구입니다. 앞에서 설명한 내용을 종합해 살펴보면 유튜브를 사업에 접목해야 하는 이유가 더욱 분명해집니다.

▶ 브랜딩 강화

영상은 텍스트보다 전달력이 뛰어나고 블로그 글이나 인스타그램 사진과 달리 보정이 쉽지 않아 거짓을 꾸미기 어렵습니다. 사장의 목소리, 제품을 만드는 과정, 서비스하는 모습 등을 영상으로 보여줄 때 고객은 '이 브랜드(업체)는 찐이구나'라고 느낍니다. 이렇게 쌓인 신뢰는 강력한 브랜드가 되어 고객은 가격을 묻지 않고 지갑을 엽니다. 마케팅 비용은 줄어들고, 구매율은 올라가는 마법이 일어나는 것입니다.

▶ 구독자 = 잠재고객 풀

'구독' 버튼을 클릭했다는 것은 당신의 제품과 서비스에 관심이 있다는 확실한 신호입니다. 구독자가 생기면 신상품이 나오거나 이벤트를 할 때 광고비를 한 푼도 쓰지 않고도 '관심 있는 사람들'에게 홍보할 수 있습니다. 낯선 사람에게 물건을 파는 건 어렵지만, 내 영상을 매일 보며 친밀감을 느낀 구독자에게 제안하는 건 훨씬 쉽습니다. 구독자는 단순한 시청자가 아니라 언제든 구매할 준비가 완료된 여러분의 '예비 고객'입니다.

▶ 검색 노출의 확장

구글과 유튜브를 자주 이용하는 사람들은 궁금한 점이 생기면 해당 플랫폼에 접속해 바로 검색합니다. 그래서 영상 제목의 '00 하는 법', '00 추천'과 같은 문제 해결형 키워드는 검색 결과에 아주 유리하게 적용됩니다. 또한, 잘 만든 영상 하나는 유튜브 검색뿐만 아니라 구글 검색 결과 상단에도 노출되어 내가 자는 동안에도 24시간 내내 쉴 새 없이 고객을 영업해 오는 셈입니다. 노출이 곧 매출로 이어지는 이 거대한 흐름에 늦지 않게 올라타야 합니다.

유튜브 쇼핑,
곧 활성화될 거대한 기회의 땅입니다

네이버 쇼핑이 처음 등장했을 때도 기존 오픈마켓의 아성을 넘기 어려울 것이라는 전망이 지배적이었습니다. 하지만 플랫폼의 판도는 늘 예상과 다르게 움직여 왔고, 지금 유튜브에서도 그때와 유사한 변화가 빠르게 진행 중입니다. 혹시 유튜브 쇼핑이 이미 활성화되어 늦었다고 생각하나요? 아니요, 진짜 기회는 아직 오지도 않았습니다.

냉정하게 보면 현재의 유튜브 쇼핑 시스템은 과도기 단계에 있지만, 머지않아 '진짜 혁명'이라 부를 만한 변화가 일어날 가능성은 충분합니다. 예를 들어 미리 등록된 카드로 '원클릭 결제'가 가능해지고, 영상 안에서 유사 제품의 '가격 비교'까지 한 번에 이루어지는 환경이 구축될 수 있습니다. 쇼핑 과정에서 느끼던 장벽이 사라지는 순간입니다. 소비자가 영상을 시청하다가 망설임 없이 버튼 하나로 구매를 완료하는 시점이 도래한다면 시장은 지금과는 비교할 수 없는 속도로 성장할 것입니다. 많은 이들이 '유튜브 쇼핑은 아직 불편하다'고 관망하는 지금이 기회입니다. 시스템이 완벽하게 갖춰진 뒤, 누구나 쉽게 뛰어들 수 있는 시점에는 이미 경쟁이 과열되어 있을 가능성이 큽니다. 거대한 '시스템의 진화'가 언제 현실화될지 알 수 없지만 한발 앞서 자리를 잡아야 하는 이유는 분명합니다.

▶ 내 채널은 24시 매장

시청자는 영상을 보다가 앱을 종료하지 않고 화면에서 즉시 결제합니다. 특히 1분짜리 쇼츠(Shorts)를 보다가 충동적으로 구매 버튼을 누르는 흐름은 상상 이상의 구매 전환율을 만듭니다. '재미'와 '쇼핑'이 결합된 시장에서 미리 자리를 잡은 채널은 해당 카테고리의 매출을 독식하게 될 것입니다. 콘텐츠, 상품,

결제가 하나로 합쳐지는 이 흐름을 미리미리 준비해야 내 채널은 불이 꺼지지 않는 24시 영업 매장이 되는 셈입니다.

▶ 방구석에서 전 세계로

국내 시장은 좁지만 유튜브는 전 세계를 무대로 하고 있습니다. 유튜브의 훌륭한 자동 번역과 자막 기능 덕분에 한국어로 영상을 제작해도 전 세계인이 잠재 고객이 됩니다. 유튜브 쇼핑 기능이 글로벌로 연동되는 순간, 여러분은 해외 배송이나 복잡한 절차 없이 내 방에서 편하게 전 세계에 물건을 파는 글로벌 거상이 될 수 있습니다.

▶ 압도적 선점 효과

모든 플랫폼에는 비즈니스 불변의 법칙이 있습니다. '먼저 깃발을 꽂는 자가 다 가져간다'는 것입니다. 기능이 완전히 보급되어 누구나 도전할 때는 이미 레드오션입니다. 과거 네이버 쇼핑의 초기 진입자들이 큰돈을 벌었듯이, 이번 유튜브 쇼핑의 파도 역시 먼저 올라타는 사람의 것입니다. 후발주자가 따라올 수 없는 격차를 지금 만드세요.

1-4
창업 비용이 거의 없습니다

치킨집을 하나 차리려고 해도 권리금, 인테리어, 월세까지 억 단위의 돈이 필요하고 가게를 운영하다가 망하면 빚더미에 앉습니다. 하지만 유튜브는 다릅니다. 실패해도 잃는 건 약간의 시간뿐이고 성공하면 얻는 건 무한대입니다. 인류 역사상 개인이 감수해야 하는 위험 없이 거대한 성과를 만들어 낼 수 있는 시대는 없었습니다. 자본금이 없어서 시작 못 한다는 건 이제 핑계에 불과합니다.

▶ 스마트폰 하나면 충분

'카메라는 어떤 걸 구매해야 하나요?' 이 질문부터 멈추십시오. 여러분 주머니에 있는 스마트폰은 10년 전 방송국 카메라보다 화질이 좋습니다. 조명은 자연광으로도 충분합니다. 장비는 채널이 커진 뒤에 사도 늦지 않으니 지금 당장 스마트폰 하나만 들고 시작하십시오.

▶ 직원 고용 No! 이제는 AI

과거에는 편집자, 디자이너, 성우를 고용하는 데 큰 비용이 들었지만 지금은 AI가 그 역할을 완벽히 대신합니다. 얼굴 노출이 부담스럽다면 실사 같은 AI 아바타를 사용하고 목소리가 자신 없다면 전문 성우 뺨치는 AI 음성을 사용하면 그만입니다. 몇 시간 걸리던 편집과 자막 작업도 AI 도구가 순식간에 끝내줍니다. 인건비 걱정 없이, 혼자서도 완벽한 1인 방송국을 운영할 수 있는 세상이 되었습니다.

▶ 마케팅 비용 0원

사업의 가장 큰 적은 '광고비'입니다. 하지만 유튜브는 영상이 재미있고 유익하면, 알고리즘이 알아서 수만, 수십만 명에게 내 영상을 배달해 줍니다. 썸네일과 제목 그리고 영상 초반 30초간의 시청 몰입도만 신경 쓰십시오. 유튜브가 최고의 마케팅 직원이 되어 밤낮없이 홍보해 줄 것입니다.

▶ 망해도 본전, 성공하면 대박

임대료 걱정 없고, 상품의 재고가 쌓일 일도 없습니다. 필요한 건 오직 여러분의 '실행력' 하나입니다. 가볍게 시작해 시청자 반응을 살펴보며 피드백을 반영하고 빠르게 확장하십시오. 돈 한 푼 들이지 않고 내 사업의 가능성을 테스트할 수 있는 곳, 바로 유튜브입니다.

시장은 굉장히 치열해 보이지만, 시청자 대비 운영자 수는 여전히 적습니다. 유튜브는 브랜딩, 잠재 고객 확보, 검색 노출을 한 번에 해결하는 유일한 도구입니다. 가까운 미래에 '쇼핑 기능'까지 폭발하면 내 채널을 가진 자와 가지지 못한 자의 '부의 격차'는 돌이킬 수 없을 만큼 벌어질 것입니다.

남들이 망설일 때 선점하십시오. 잃을 것은 고민하는 시간뿐이고 얻을 것은 무한한 가능성입니다. 지금 시작하지 않는 것이야말로 가장 큰 리스크입니다.

유튜브 오해&루머, 진실을 바로잡다

유튜브를 운영하다 보면 '이렇게 해야 노출이 잘 된다', '저렇게 하면 채널이 망한다'와 같은 다양한 오해와 루머를 자주 마주치게 됩니다. 그러나 실제 유튜브 알고리즘은 우리가 상상하는 것보다 훨씬 논리적이어서 잘못된 상식에 휘둘려 중심을 잃으면 채널 성장을 방해할 수 있습니다. Lesson 02 에서는 대표적인 유튜브 오해와 루머 스무 가지를 살펴보고 진짜 진실이 무엇인지 알려드리겠습니다.

1. 오해: 자주 업로드하면 알고리즘이 싫어한다!

썰 너무 자주 영상을 올리면 스팸으로 간주되어 노출이 떨어진다.

진실 유튜브는 꾸준한 업로드를 선호합니다.

▶ 가치 없는 중복 콘텐츠를 잔뜩 올리면 스팸으로 판단될 수 있으나, 유익한 영상을 자주 올리는 것은 오히려 채널 활성도를 높입니다.

2. 오해: [커뮤니티] 탭은 별로 효과가 없다!

썰 커뮤니티에 글을 올려봤자 조회수에 큰 영향이 없으니 쓸모없다.

진실 [커뮤니티] 탭은 구독자와 소통하며 채널 충성도를 높이는 좋은 수단입니다.

▶ 투표, 텍스트, 이미지 등을 통해 관심과 참여를 유도할 수 있습니다.

▶ 직접 조회수를 증폭시키는 건 아니지만, 알고리즘이 좋아하는 '활발한 소통'을 만들어 줄 수 있습니다.

3. 오해: 4K 해상도로만 찍어야 조회수가 오른다!

썰 영상의 화질이 좋을수록 유튜브가 우선 노출한다.

진실 화질이 좋으면 시청자 만족도가 오를 수 있지만, 반드시 4K가 아니어도 됩니다.

▶ 1080p만으로도 영상의 해상도는 충분히 깔끔합니다.

▶ 중요한 건 영상의 내용과 시청 유지율이며 해상도가 우선순위는 아닙니다.

4. 오해: 채널 운영 계정으로 '관련 영상'을 많이 봐야 한다!

썰 내 채널 주제와 비슷한 영상을 열심히 시청하면 알고리즘이 내 채널을 더 노출해 준다.

진실 내가 어떤 영상을 시청하든 채널 노출과는 직접적인 상관이 없습니다.

▶ 채널 운영자가 시청한 영상 기록을 바탕으로 알고리즘 노출이 결정되지 않습니다.

▶ 채널 운영 계정으로 안심하고 편히 보고 싶은 영상을 봐도 무방합니다.

5. 오해: 영상 업로드 후 정보(제목 및 설명)를 수정하면 조회수가 떨어진다!

썰 영상을 업로드한 후 제목이나 설명을 바꾸면 알고리즘이 혼란스러워 노출을 줄인다.

진실 작은 수정으로 인한 페널티는 없습니다.

▶ 오히려 잘못된 키워드나 오타를 고쳐 최적화하면 검색 노출이 개선될 수 있습니다.

▶ 단, 잦은 변경은 시청자 혼란이나 알고리즘 재인식 시간 차이가 생길 수 있으니 주의해 주세요.

6. 오해: 새 채널을 만들어서 영상을 업로드하면 노출이 어렵다!

썰 유튜브는 기존 채널을 우선적으로 추천해 새 채널의 노출이 어렵다.

진실 채널 나이가 아니라 개별 영상의 성과(시청 지속, 클릭률, 반응)에 따라 노출을 결정합니다.

▶ 새 채널이라도 시청자 반응이 좋으면 빠르게 추천 알고리즘에 노출될 수 있습니다.

▶ 중요한 건 처음부터 퀄리티 높은 영상과 검색 최적화(SEO)를 신경 써 주는 것입니다.

7. 오해: 썸네일에 얼굴을 크게 보여야 알고리즘이 좋아한다!

썰 썸네일에 얼굴을 크게 보여야 유튜브 알고리즘이 더 추천해 준다.

진실 알고리즘은 '얼굴 크기' 자체를 평가하진 않지만, 시청자 클릭률에는 영향을 줄 수 있습니다.

▶ 인물 콘텐츠(브이로그, 인터뷰 등)에선 얼굴 표정이 클릭률(CTR) 상승에 도움이 될 수 있습니다.

▶ 정보형, 미스터리, 게임 콘텐츠 등은 강렬한 텍스트와 이미지가 더 효과적일 수도 있습니다.

▶ 얼굴이냐 텍스트이냐는 콘텐츠 성격과 타깃에 따라 달라집니다.

8. 오해: 블로그나 SNS에 링크를 연결하면 유튜브가 싫어한다!

썰 유튜브 외부 트래픽은 우회 클릭이라 판단해 노출을 줄인다.

진실 크로스 프로모션(블로그, SNS)이 자연스러운 시청자 유입 경로라면 문제가 없습니다.

▶ 오히려 적절한 링크 공유는 채널 성장에 도움이 됩니다.

▶ 다만, 스팸처럼 도배하면 시청자가 이탈해 역효과가 발생할 수 있습니다.

9. 오해: 채널을 잘 뽑는 것도 운이다!

썰 유튜브에서 성공하는 채널은 알고리즘 운이 따라야 한다.

진실 유튜브 성공은 운이 아니라 데이터 분석, 콘텐츠 기획, 시청자 만족도가 결정합니다.

▶ 조회수와 구독자 성장은 결국 시청자 반응(시청 유지율, 클릭률, 좋아요, 댓글 등)으로 좌우됩니다.

▶ 철저한 기획, 검색 최적화, 꾸준한 실험(A/B 테스트)이 진짜 핵심입니다.

10. 오해: 댓글은 무조건 전부 답해야 노출이 오른다!

썰 댓글이 달릴 때마다 100% 답글이나 하트를 남겨야 채널이 잘 된다.

진실 소통은 중요하지만, 전부 답변해야 한다는 공식은 없습니다.

▶ 시간이나 인력이 부족하다면 좋아요(하트) 정도만 표시해도 시청자에게 긍정적 신호가 됩니다.

▶ 기계적인 답글보다, 진심 어린 소통이 핵심입니다.

11. 오해: 썸네일에 섹시 및 19+ 단어만 사용해도 바로 제재한다!

썰 성인 단어를 조금이라도 쓰면 곧장 노출이 제한된다.

진실 유튜브는 '단어'가 아니라 '맥락'을 봅니다.

▶ 단순히 자극적 키워드만으로 곧장 제재하지는 않습니다.

▶ 어린이 보호 정책 위반이거나 영상 내용 자체가 과도하게 선정적이면 문제가 생기지만, 단순 텍스트만으로는 영향이 적은 편입니다.

12. 오해: 다른 영상에서 많이 쓰이는 음원을 사용하면 노출이 준다!

썰 유튜브에서 다른 크리에이터들이 많이 사용하는 배경음악을 똑같이 사용하면 내 영상의 노출이 줄어든다.

진실 유튜브 알고리즘은 음원의 사용 여부만으로 영상 노출을 제한하지 않습니다.

▶ 오히려, 유튜브가 특정 음악을 포함한 영상들을 묶어 추천할 때가 있습니다.

▶ 다만, 이미 많이 쓰인 음원을 사용하면 영상의 차별성이 떨어져 시청자 반응이 떨어질 가능성은 있습니다.

13. 오해: 해외 시청자가 늘어나면 무조건 수익이 크다!

썰 해외 광고 단가가 높으니, 해외 시청자만 노리면 끝이다.

진실 해외 광고 단가가 높은 건 사실이지만, 이것도 국가별로 차이가 있으며 언어 장벽과 현지 경쟁이 만만치 않습니다.

▶ 해외 광고로 기존 시청자 이탈률이 높아지면 오히려 역효과가 날 수 있습니다.

▶ 자신 있는 언어 · 문화 범위 내에서 확장하는 전략을 고민해야 합니다.

14. 오해: 채널명이 영어면 글로벌 노출이 잘 된다!

썰 영어로 채널명을 지으면 해외 노출이 잘 된다.

진실 채널명보단 영상의 내용, 영상 제목, 설명, 태그가 검색 노출에 큰 영향을 줍니다.

▶ 영어든 한글이든, 콘텐츠 품질과 키워드 전략이 중요합니다.

▶ 채널명은 브랜딩과 시청자의 기억에 오래 남을 수 있는지를 우선 고려해 주세요.

15. 오해: 영상은 절대 삭제하면 안 된다!

썰 영상을 지우면 채널에 불이익이 있으니 절대 삭제하면 안 된다.

진실 영상 삭제 자체가 불이익을 주진 않지만, 데이터(조회수, 댓글, 시청 시간)가 사라진다는 점은 고려해야 합니다.

▶ 만약 해당 영상이 검색 유입을 꾸준히 가져오고 있었다면 삭제로 인해 성장 가능성을 잃을 수 있습니다.

▶ 저작권 위험, 채널 정체성과 맞지 않는다면 비공개나 미등록도 대안입니다.

16. 오해: 유튜브 프리미엄으로 운영하면 자주 노출해 준다!

썰 유튜브 프리미엄을 사용하면 광고 없이 보는 대신 알고리즘 우대가 있다.

진실 프리미엄 계정이라고 해서 운영 영상이 우선 노출되지는 않습니다.

▶ 프리미엄 사용자는 광고 시청 대신 프리미엄 수익 분배가 있을 뿐, 채널 노출과는 무관합니다.

17. 오해: 알고리즘이 업데이트되면 채널 노출이 초기화된다!

썰 업데이트로 기존 데이터가 리셋되어 조회수가 뚝 떨어진다.

진실 알고리즘 업데이트는 추천 로직 일부 변경이지, 채널 데이터를 초기화하진 않습니다.

▶ 어떤 채널은 노출이 더 늘 수도, 줄 수도 있습니다.

▶ 장기적으로 가치 있는 콘텐츠는 어떠한 로직에서도 살아남을 가능성이 높습니다.

18. 오해: 쿠키를 쌓는 방법이 있다!

썰 채널을 생성한 후 특정 방식으로 쿠키를 쌓으면 노출이 좋아진다.

진실 유튜브는 쿠키 조작으로 노출을 결정하지 않습니다.

▶ 오히려 인위적 쿠키 또는 브라우저 기록 조작은 부정행위로 간주될 위험이 있습니다.

▶ 채널 성장에는 유익한 콘텐츠와 시청자 반응이 핵심 요소입니다.

19. 오해: 좋은 장비로 촬영하면 우선 노출된다!

썰 비싼 카메라와 마이크를 사용하면 자동으로 알고리즘이 밀어준다.

진실 고화질과 고음질은 시청자 만족도를 높여 결과적으로 좋은 지표를 얻을 수 있지만, 장비 자체가 우선 노출을 보장하지는 않습니다.

▶ 스마트폰만으로도 충분히 성공한 채널이 많습니다.

▶ 시청 유지율과 콘텐츠 가치가 가장 중요한 요소입니다.

20. 오해: 업로드 시간대가 노출 성패를 좌우한다!

썰 특정 시간대에 영상을 업로드해야 알고리즘이 더 노출시켜준다.

진실 업로드 시간 자체가 노출 우선순위를 결정하지는 않습니다.

▶ 다만, 시청자 활동이 많은 시간대에 올리면 초기 조회수가 높아져 유리할 수 있습니다.

▶ '시청자가 많이 접속하는 시간'을 유튜브 스튜디오의 시청자 활동 통계로 파악하세요.

마무리

유튜브에는 수많은 오해와 루머가 떠돌지만 대부분은 '시청자 만족'이라는 단순한 핵심 원리에서 벗어난 이야기들입니다. '정말 유튜브가 그렇게까지 비합리적으로 움직일까?'라고 한 번만 의심해 보면 루머에 휘둘리지 않고 채널 운영의 방향을 바로잡을 수 있습니다.

결국 콘텐츠의 품질과 시청자 반응 그리고 데이터 분석을 통해 채널을 성장시키는 것이 유튜브 알고리즘을 이해하고 활용하는 가장 확실한 방법입니다.

유튜브 채널 운영 전략과 수익화

유튜브 알고리즘&검색 노출, 이렇게 공략하라!

유튜브 운영의 성패는 알고리즘에 대한 이해를 바탕으로 검색 최적화(SEO)를 얼마나 정교하게 실행하느냐에 달려 있습니다. 아무리 완성도 높은 영상이라도 알고리즘이 선호하지 않거나 검색에 노출되지 않으면 시청자 유입은 제한됩니다. **Lesson 01** 에서는 유튜브 알고리즘의 핵심 원리와 검색 노출을 극대화하는 실전 SEO 절차를 단계별로 알아보겠습니다.

1-1
유튜브 알고리즘의 핵심 요소

 시청 유지율(Watch Time)

유튜브는 시청자가 영상에 얼마나 오래 머무는지를 최우선으로 평가하기 때문에 영상의 초반(10초 이내)에 시청자 이탈을 막을 수 있는 강력한 후킹(문제 제기, 결론 예고, 혜택 고지) 문구가 필요합니다. 평균 시청 시간이 길수록 알고리즘은 해당 영상을 높은 품질의 콘텐츠로 학습합니다.

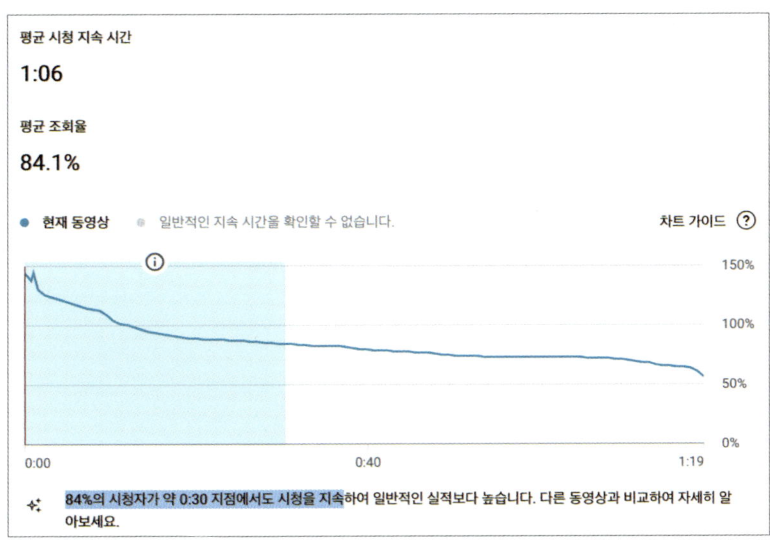

▲ 유튜브 스튜디오 콘텐츠 분석 화면 ①

▶ 클릭률(CTR)과 참여도

영상의 썸네일과 제목으로 시청자의 클릭을 유도했지만, 콘텐츠의 완성도와 시청 지속 시간이 뒷받침되지 않으면 채널 평가에 부정적인 영향을 미칠 수 있습니다. 또한, 좋아요, 댓글, 공유 등의 참여 지표가 높을수록 추천 범위가 확장되기 때문에 클릭률과 시청자 참여도는 더욱 신경 써서 관리해야 합니다.

▲ 유튜브 스튜디오 콘텐츠 분석 화면 ②

꾸준한 영상 업로드는 채널의 신뢰도를 형성하는 가장 기본적인 요소입니다. 특히, 구독자들이 활발하게 활동하는 시간대를 파악해 영상을 업로드하세요. 초기 반응(클릭과 시청 시간)이 좋을수록 알고리즘은 더 넓은 세상으로 내 영상을 퍼트려줍니다. 시청자 유입의 흐름이 잠깐의 인기로 끝나지 않고 오랫동안 조회수를 만드는 효자 영상이 되려면 검색했을 때 잘 보이도록 미리 준비해야 합니다.

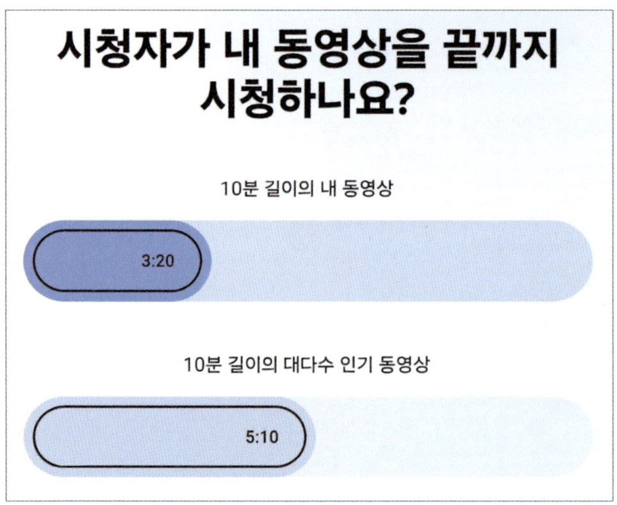

▲ 유튜브 뉴스레터 시청 지속 시간 비교 시각화 이미지

결국 시청자의 클릭을 유도하고 영상에 머무르게 하는 단계까지가 '알고리즘 추천'의 영역이라면 장기적인 유입을 여는 열쇠는 '검색'입니다. 다음 1-2에서는 검색을 통해 영상 발견성을 극대화하는 SEO의 핵심 구조를 정리해 보겠습니다.

SEO(검색 최적화)의 중요성

검색을 통한 시청자 유입은 장기적으로 누적되는 트래픽의 핵심 원천입니다. 알고리즘 추천으로 유입된 조회수는 빠르게 소멸되지만, 시청자가 직접 검색해 들어온 트래픽은 시간이 지나도 꾸준히 쌓입니다. 이러한 검색 유입의 장점은 키워드를 '사람들이 검색하는 실제 표현'에 맞추는 순간 극대화됩니다.

▶ SEO 키워드 전략의 원칙

초보자들은 대부분 '육아', '브이로그', '요리'와 같은 포괄적인 키워드를 선호합니다. 하지만 앞에서 나열한 키워드는 이미 대형 유튜버들이 장악한 키워드입니다. 우리는 이럴 때일수록 구체적인 상황과 대상을 반영한 '꼬리가 긴 키워드(Long-tail)', 즉 구체적인 문장형 키워드를 노려야 합니다.

키워드의 범위를 좁힐수록 경쟁자는 사라지고 '진짜 나의 정보가 절실한 시청자'만 남습니다. 다음, 이 황금 키워드를 찾아내는 세 가지 실전 방법을 자세히 살펴보겠습니다.

1 · 시청자를 부르는 키워드 찾는 방법

많은 초보자가 실수하는 것 중 하나가 바로 키워드를 자신의 머릿속에서 창작해내려 한다는 점입니다. 하지만 조회수를 부르는 키워드는 '상상'하는 것이 아니라 '발굴'하는 것입니다. 우리의 목표는 내가 쓰고 싶은 말이 아니라 시청자가 지금 이 순간 검색란에 입력하고 있는 단어를 찾아내는 것입니다. 다행히 이 정답지(Data)는 복잡한 유료 프로그램이 없어도 누구나 쉽게 확인할 수 있습니다. 다음, 실전에서 바로 적용할 수 있는 가장 확실한 방법들을 소개하겠습니다.

❶ 유튜브 자동 완성 & 연관 검색

유튜브 검색란에 검색어를 입력하면 나타나는 '자동완성 문구'가 곧 정답입니다. 사람들이 실제로 무엇을 궁금해하는지 한눈에 보여주는 가장 확실한 데이터이기 때문입니다. 이 문구들을 엑셀에 잘 정리해 놓으면 '시청자에게 먹히는 주제' 수십 개를 쉽게 확보할 수 있습니다. 이후 언제 사람들이 많이 검색하는지 '트렌드(유행 시기)'만 확인하면 됩니다.

▲ 유튜브 '무료 이미지' 검색 화면

❷ 구글 트렌드* & 키워드 도구

구글 트렌드로 내가 제작할 영상 주제의 관심도가 증가하는지 감소하는지 흐름을 파악한 후 vidIQ, 튜브버디**와 같은 키워드 도구로 사람들이 실제 얼마나 많이 검색하는지 확인해야 합니다. 느낌이 아니라 데이터가 증명하는 '상승세 키워드'에 올라타야 조회수가 터집니다.

---

* 구글에서 서비스 중인 검색어 및 시청 동영상 기반의 빅데이터 분석 서비스입니다. 자세한 사용 방법은 [Chapter 03]에서 확인할 수 있습니다.

** vidIQ와 튜브버디는 트렌드에 부합하는 키워드 분석 및 추천 기능을 제공하고, 콘텐츠 전략 수립을 지원함으로써 채널 성장을 돕습니다. 자세한 사용 방법은 [Chapter 04]에서 확인할 수 있습니다.

❸ 경쟁 채널 분석

성공한 채널의 영상은 가장 훌륭한 키워드 참고서입니다. 조회수가 높게 나온 영상들의 제목과 해시태그, 설명란을 분석하면 시청자가 반응하는 '검증된 키워드'를 찾아낼 수 있습니다.

중요한 것은 키워드는 참고하되, 접근 방식은 달라야 한다는 점입니다. 트래픽을 부르는 핵심 키워드는 그대로 가져와 시청자 유입을 유도하고 콘텐츠 내용은 나만의 관점이나 새로운 정보로 채워 차별화하는 것이 전략입니다.

2 · 킬러 소재 발굴: 시크릿 모드 & 모니터링 전략

많이 검색되는 키워드만으로는 폭발적인 조회수를 만들기 어렵습니다. 핵심은 객관적인 기준으로 시장의 수요를 파악하는 것입니다. 다음, 초보자도 바로 실행할 수 있는 4단계의 킬러 소재 발굴 워크플로우를 살펴보겠습니다.

❶ 1단계: 시크릿 모드로 개인화 알고리즘 우회하기

유튜브 홈 화면의 추천 알고리즘은 평소 본인이 즐겨보는 영상을 보여주므로 객관적인 트렌드 파악이 어렵습니다. 구글 계정의 시크릿 모드[*]를 활성화하여 로그인 정보가 없는 상태에서 실제 사용자가 자주 보는 인기 영상을 탐색하세요. 이 방식은 유튜브의 최신 흐름을 가장 객관적으로 파악할 수 있는 첫 단계입니다.

---

[*] 구글 크롬(Chrome) 기준 시크릿 모드 실행 단축키는 다음과 같습니다.
Windows: Ctrl + Shift + N, Mac: Cmd + Shift + N

❷ 2단계: '핫한 영상'과 '인기 영상'으로 수요 검증

핫한 영상과 인기 영상은 짧은 시간 내 폭발적인 조회수를 기록한 콘텐츠로 시장의 갈증이 높다는 신호입니다. 다만, 아무리 좋은 소재라도 자신의 역량과 보유하고 있는 장비로 제작이 가능한지를 판단해 실행 가능성을 검토해 봐야 합니다.

❸ 3단계: 성공 채널 역추적 및 소재 다변화

인기 있는 소재를 발견했다면 영상을 업로드한 채널을 분석해 성공 공식을 역추적하세요. 조회수가 높은 영상들의 공통점을 찾아보고 찾은 정보를 바탕으로 소재 가지치기를 하면 최소 다섯 개 이상의 파생 아이디어를 얻을 수 있습니다.

❹ 4단계: '전용 모니터링 계정'으로 트렌드 자동 수집

유튜브 본 계정은 다양한 영상을 시청해 아마도 알고리즘이 뒤죽박죽 섞여 있을 겁니다. 깨끗한 '부계정'을 하나 만들어 오직 업로드하려는 주제의 영상만 계속 시청하세요. 이 과정은 알고리즘을 훈련 시키기 위함입니다.

며칠만 지나면 유튜브는 부계정을 해당 분야의 '열성 팬'으로 인식합니다. 그때부터는 굳이 검색하지 않아도 매일 홈 화면에 요즘 가장 잘나가는 경쟁 영상들을 자동으로 띄워줍니다. 내가 잠든 사이 최신 트렌드를 모아오는 '나만의 트렌드 뉴스'를 받아보는 셈입니다.

> **Tip** 전용 모니터링 계정에서는 개인 영상 시청이나 본 채널의 시청을 금지하세요. 오직 소재 탐색만을 위해 운영해야 합니다.

SEO(검색 최적화) 실전 팁

▶ 영상의 제목 & 설명란

영상의 제목에는 노출하고 싶은 핵심 키워드를 추가합니다. 이때 키워드만 나열하지 말고 '핵심 키워드와 구체적인 해결책'의 결합 구조로 작성해야 시청자의 클릭을 부릅니다.

설명란은 알고리즘이 가장 중요하게 보는 첫 문장(100자 이내)에 키워드를 자연스럽게 녹여야 합니다(첫 문장에 자연스럽게 키워드 추가). 영상의 제목과 설명의 내용이 일관될 때 유튜브는 내 영상을 '믿을 수 있는 정보'로 판단해 더 폭넓게 추천합니다.

▶ 태그(Tag)

태그는 설명란에 채널의 주제 또는 영상 내용과 관련된 핵심 키워드를 엄선하여 3~5개 정도만 추가해 주는 것이 가장 좋습니다. 조회수 욕심에 영상과 무관한 인기 키워드를 남발하면 알고리즘이 이를 '스팸(속임수)'으로 인식해 채널에 악영향을 줍니다.

▶ 영상의 자막 & 캡션

유튜브의 자동 생성 자막에만 의존하지 마십시오. 직접 제작한 자막 파일(SRT, SubRip Subtitle)*을 업로드하면 오타 없이 정확한 정보가 전달되어 검색 엔진이 업로드한 영상 내용을 완벽하게 파악합니다. 특히 영상 속에서 핵심 키워드를 직접 말하고(발화) 이를 자막으로 띄우면 검색 노출 확률이 비약적으로 상승합니다.

---

* 가장 기본적인 자막 파일 형식을 의미하며 자막 번호, 시간 범위, 자막 내용으로 구성되어 있습니다.

▶ 영상의 썸네일 & 클릭률

검색 상단에 영상이 노출되어도 시청자가 클릭하지 않으면 무용지물입니다. 시선을 빼앗는 '썸네일'과 클릭을 유도하는 '제목' 그리고 시청자를 붙잡는 '영상 초반 30초'가 완벽하게 일치해야 합니다. 썸네일로 호기심을 자극한 후 본 영상에서 바로 충족해 줄 때, 클릭률과 시청 시간이 동시에 올라갑니다. 다음 1-4에서는 초보자가 무심코 저지르는 '금기 사항'을 점검해 채널의 위험 요소를 제거해 보겠습니다.

1-4
알고리즘 & SEO 주의사항

▶ 낚시성(Clickbait) 키워드 자제

영상의 썸네일 및 제목에 '초대박', '충격 공개'와 같은 자극적인 단어는 단기간에 시청자의 클릭을 유도할 수 있지만 곧 신뢰도 하락과 이탈 증가로 이어집니다.

▶ 영상 내용과 키워드 불일치 금지

검색 키워드와 영상 내용이 불일치하면 즉시 시청자 이탈이 발생하고 알고리즘 노출이 줄어듭니다. 키워드는 시청자와의 약속이며 영상을 통해 그 약속을 이행해야 합니다.

▶ 과도한 키워드 욕심은 독

조회수 좀 올려보겠다고 영상과 상관없는 인기 태그나 키워드를 잔뜩 추가하는 건 위험합니다. 유튜브는 이를 명백한 '스팸(속임수)' 행위로 간주해 채널 점수를 깎습니다. 여러 가지를 다 추가하는 것보다 영상과 진짜 관련된 핵심 정보만 정확하게 입력하는 것이 검색 노출에 훨씬 유리합니다.

▶ 지속적인 업데이트 학습

알고리즘은 끊임없이 진화하기 때문에 클릭률(CTR)과 시청 지속 시간 같은 '데이터'를 믿으십시오. 영상을 업로드하고 끝내는 것이 아니라, 반응을 보고 '빠르게 고쳐서 다시 시도하는 과정'을 반복해야 합니다. 이 반복된 훈련만이 채널을 튼튼하게 만듭니다.

마무리

콘텐츠가 재미있으면 시청자가 '남고', SEO를 잘하면 시청자가 '찾아옵니다.' 이 두 바퀴가 맞물려 돌아갈 때 채널은 폭발적으로 성장합니다. 알고리즘과 SEO는 따로 노는 게 아니라 한 몸입니다.

좋은 영상, 정확한 키워드 설정 그리고 꾸준한 업로드. 이 세 박자만 잘 지키면 조회수와 구독자는 시간이 흐르면서 자연스럽게 쌓입니다. 복잡한 계산은 필요 없습니다. 이제 SEO와 운영의 기본 원칙을 어느 정도 파악했다면 유튜브 AI는 과연 내 채널을 어떻게 평가하고 있을까요? **Lesson 02** 에서는 유튜브가 채널에 매기는 '보이지 않는 등급'의 실체와 이를 공략해 빠르게 성장하는 단계별 전략을 본격적으로 파헤쳐 보겠습니다.

유튜브 알고리즘 이해하기
: 채널 등급과 성장 전략

유튜브에서 성공하려면 '영상'만 잘 만들어서는 충분하지 않습니다. 아무리 완성도 높은 영상이라도 알고리즘의 선택을 받지 못하면 시청자에게 전달되기 어렵기 때문입니다. 성공의 핵심은 유튜브가 채널을 평가하는 '보이지 않는 점수(채널 등급)'를 이해하는 데 있습니다. 유튜브가 공식적으로 발표하지는 않았지만, 실제 노출 결과를 보면 채널 단위의 평가 체계가 존재한다고 볼 수 있습니다. 같은 영상을 업로드해도 어떤 채널은 수십만, 수백만 조회수를 기록하는 반면, 어떤 채널은 100회에 그치는 이유가 바로 여기에 있습니다.  에서는 채널 등급의 개념과 등급을 높이는 전략을 단계적으로 살펴보겠습니다.

1-1

알고리즘 채널 등급의 비밀

많은 크리에이터가 묻습니다. '왜 내 영상은 추천에 잡히지 않을까?' 이건 운의 문제가 아닙니다. 채널의 신뢰도와 품질 데이터가 아직 충분히 쌓이지 않았기 때문입니다. 유튜브는 채널의 이력과 영상의 최근 반응을 다차원으로 평가해 노출 강도를 조절합니다.

채널 등급은 1~2개의 지표로 결정되지 않습니다. 콘텐츠 독창성, 기술적 완성도, 시청자 참여도, 유튜브 정책 준수 여부가 종합적으로 작용된 결과입니다. 따라서 어느 한 요소만 높여서는 오래갈 수 없습니다. 다음 1-2에서 등급을 좌우하는 핵심 요소를 체계적으로 분석해 보겠습니다.

1-2
채널 등급을 좌우하는 핵심 요소

▶ 콘텐츠 품질과 독창성

흔한 주제라도 나만의 새로운 관점이나 구성을 더하면 유튜브는 아주 높게 평가합니다. 반대로 남의 것을 그대로 모방하거나 단순하게 재탕하는 행위는 시청자에게 실망감을 안겨 채널 점수를 깎아 먹는 지름길이 됩니다. 진짜 차별화된 콘텐츠는 시청자를 영상에 오래 머물게 하고 다시 찾아오게 만드는 것입니다. 이 힘이야말로 채널의 모든 성장 점수를 폭발시키는 가장 확실한 무기라는 점을 꼭 기억해 주세요.

▶ 기술적 품질

높은 해상도(HD/4K), 선명한 오디오, 안정적인 프레임, 과도하지 않은 컷 편집 등은 시청 경험을 개선해 채널 긍정의 신호로 작동하기 쉽습니다(모바일 친화적 화면비율(가로·세로)의 적절한 선택도 중요합니다). 다만, 기술은 수단일 뿐이며 메시지와 구조가 함께 받쳐줘야 성과가 극대화됩니다.

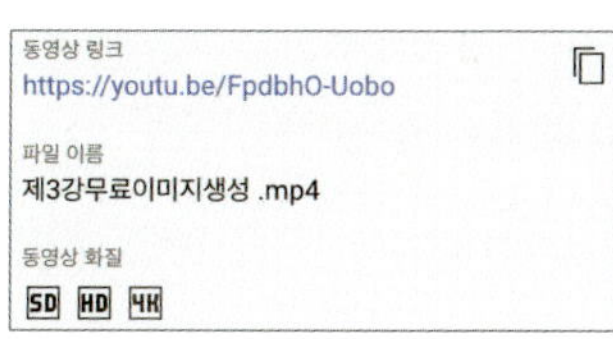

◀ 유튜브 스튜디오 콘텐츠 정보 화면

채널의 신뢰도를 결정하는 핵심은 생각보다 단순합니다. 시청자가 영상을 얼마나 오래 시청하는지(시청 지속 시간, 완주율), 그리고 얼마나 적극적으로 반응하는지(좋아요, 댓글, 공유)입니다. 이 두 지표가 모두 높을수록 알고리즘은 해당 채널을 '신뢰할 수 있는 채널'로 인식합니다. 특히 영상 업로드 직후의 초기 24시간은 영상의 방향을 결정짓는 골든타임입니다. 이 시간 동안 의미 있는 반응이 집중적으로 발생해야 알고리즘이 더 넓은 범위로 영상을 확산시키기 때문입니다. 따라서 단순히 영상을 업로드하는 데서 그치지 말고, 시청자가 가장 활발한 시간대를 고려해 업로드하고, 커뮤니티 게시글을 활용해 초반 반응을 끌어올리는 전략이 필요합니다.

● 유튜브 정책 준수

유튜브의 저작권 및 커뮤니티 가이드라인 준수는 무조건 지켜야 하는 전제 조건입니다. 오해의 소지가 큰 썸네일을 사용하거나 자극적인 제목, 영상과 무관한 메타 정보의 남발은 감점 신호가 될 수도 있습니다. 반대로 챕터(타임라인), 쇼츠, [커뮤니티] 탭 등의 유튜브 권장 기능을 적극 활용하는 건 긍정 신호로 작용합니다. 규칙을 잘 지키는 것은 보너스 점수를 받는 게 아니라 애써 쌓은 점수가 깎이지 않도록 막아주는 '방어 전략'이라는 사실을 꼭 잊지 마세요.

1-3

채널 등급 향상을 위한 실전 전략

● 매번 조금씩 성장하는 '품질 개선 루틴'

영상마다 딱 한 가지 목표(예 오프닝 10초 줄이기, 자막 키우기, 배경음악 변경하기)를 정해 업그레이드하고 시청자 반응이 어떻게 달라지는지 확인합니다. 시청자가 지루해서 나가는 구간을 찾아 구성을 바꿔보고 썸네일과 제목, 영상 초반을 하나의 그룹으로 묶어 더 나은 방식을 실험해 보세요. 이런 작은 변화가 쌓여 유튜브가 신뢰하는 단단한 채널이 됩니다.

▶ 일관된 업로드 리듬

주 1~2회라도 좋으니 시청자와 알고리즘이 예측할 수 있는 주기를 지켜주세요. 그래야 알고리즘이 나의 영상 업로드 패턴을 학습하게 되어 영상이 올라오자마자 초기 노출을 안정적으로 밀어줍니다.

컨디션이 좋을 때, 기분 좋을 때 영상을 한꺼번에 업로드하는 것보다 내가 지치지 않고 꾸준히 할 수 있는 주기를 만드는 것이 훨씬 좋습니다. 최소 4주는 꾸준히 영상을 올려보고 사이에 쌓인 데이터를 바탕으로 나에게 맞는 리듬을 찾아보세요. 업로드 습관이 잡히면 채널 성장에 가속도가 붙고 다음 단계로 나아갈 힘이 생깁니다.

▶ 소통으로 만드는 든든한 '안전판'

댓글에 정성껏 답글을 달고 [커뮤니티] 탭에 설문이나 예고편을 게시해 시청자 참여도를 높여보세요. 특히 시청자가 제안한 주제 중에 '대중성 있는 소재'를 골라 영상으로 만들면 팬덤과 조회수를 모두 잡는 좋은 전략이 됩니다. 추후 이런 충성 구독자들의 꾸준한 반응은 채널 등급을 높이는 강력한 신호가 되고 팬과 쌓인 끈끈한 관계는 조회수가 들쑥날쑥할 때도 나의 채널을 지탱해 주는 든든한 안전판 역할을 합니다.

채널 등급 상승의 장기 효과

▶ 자연 성장 곡선(우상향 베이스라인)

처음에는 아무리 노력해도 제자리걸음인 것 같아 조바심이 나고 답답할 수 있습니다. 하지만 영상의 품질을 꾸준히 개선하고 구독자와 지속적으로 소통하다 보면, 채널의 순위는 점진적으로 상승하게 됩니다.

보통 짧게는 몇 주에서 길게는 몇 달 정도의 노력이 쌓여야 비로소 싹을 틔우는 성장 시점이 찾아옵니다. 이때부터는 유튜브 추천에 가속도가 붙기 시작하니 미리 마음의 준비를 하고 다음 단계를 계획해 두세요.

▶ 선순환 구조 형성

채널 등급이 오르면 영상 노출이 늘고 시청자가 몰리면 다시 등급이 오르는 구조가 만들어집니다. 이러한 흐름이 한번 잡히면, 그때부터 채널의 성장 속도는 걷잡을 수 없이 빨라지게 됩니다.

어쩌다 터지는 '반짝 대박' 영상 1~2개보다, 이렇게 스스로 굴러가는 '성장 시스템'을 만드는 것이 채널의 진짜 가치를 결정합니다. 좋은 흐름을 끊지 않고 오래 유지하려면 성장을 방해하는 함정들을 사전에 공부하고 피하는 지혜가 필요합니다. 다음, 1-5에서 주의해야 하는 함정들을 살펴보겠습니다.

주의해야 할 알고리즘 함정

▶ 단기 트렌드에 의존

잠깐 뜨는 유행만 좇다 보면 정작 중요한 채널의 정체성이 사라지고 기존 구독자들은 모두 떠나며 장기적인 성장은 더 어려워집니다. 유행하는 소재(트렌드)는 무조건 따라가지 말고 내 채널의 주제와 자연스럽게 연결되도록 영리하게 활용하세요. 흔들리지 않는 확실한 채널의 정체성이야말로 시청자의 신뢰를 쌓는 뿌리가 됩니다.

▶ 과도한 SEO 최적화(Keyword Stuffing)

영상의 주제와 상관없는 키워드를 남발하거나 과장된 제목을 쓰면 관심과 클릭을 유도할 수 있어도 빈약한 콘텐츠 내용에 실망한 시청자가 바로 이탈해 채널 운영에 큰 감점 요인이 됩니다.

썸네일에서 시청자에게 약속한 기대감과 실제 영상 내용이 일치할수록 장기적으로 훨씬 유리합니다. SEO는 내 영상을 잘 띄워주는 도구일 뿐 부실한 내용을 채워주는 마법이 아니라는 점을 꼭 기억하세요.

마무리

채널 등급은 어쩌다 찾아오는 행운이 아니라 지속 가능한 시스템이 만든 정직한 결과입니다. 영상의 독창성, 완성도, 시청자 참여 그리고 유튜브 정책 준수까지. 이 네 가지 요소를 균형 있게 키워보세요. 작은 개선점을 일정한 리듬으로 차곡차곡 쌓아가는 것이 핵심입니다. 지금은 느려 보여도 그 노력이 쌓이면 어느 순간 멈춰 있던 성장 그래프가 상승세로 바뀌게 됩니다.

유튜브 쇼츠 마스터하기
: 롱폼 채널의 성장 부스터

유튜브 쇼츠는 60초 내외(최대 3분)의 짧은 세로형 영상이지만 새로운 시청자를 확보하고 내 채널을 널리 알리는 데 효과적인 수단입니다. 특히 롱폼(긴 호흡의 가로형 영상)이 중심인 채널에는 쇼츠가 신규 시청자를 본진으로 유입시키는 핵심 통로 역할을 합니다. Lesson 03 에서는 유튜브 쇼츠의 알고리즘 특성과 롱폼과의 유기적 연계를 통해 채널 전체 성과를 끌어올리는 전략을 단계별로 살펴보겠습니다.

1-1
쇼츠 알고리즘의 특별한 작동 원리

▶ 롱폼과 쇼츠는 전혀 다른 규칙으로 움직인다

롱폼은 구독, 검색, 추천 등 다양한 경로를 통해 영상이 노출되지만 쇼츠는 피드를 통해 불특정 다수에게 확산되고 노출됩니다. 영상 업로드 직후 소규모 표본 집단을 대상으로 초기 반응(좋아요, 완주율, 댓글)을 측정해 일정 기준 이상이면 전적으로 알고리즘 노출을 확대하는 '테스트–확대 메커니즘'이 작동됩니다. 쇼츠의 알고리즘 구조를 이해하면 왜 쇼츠 영상의 초반(1~5초 이내)이 성공과 실패를 결정하는지 명확히 알 수 있습니다.

◉ 쇼츠 알고리즘 핵심 지표

쇼츠 알고리즘의 핵심 지표를 정리하면 다음과 같습니다.

- 시청 완료율: 짧은 영상일수록 완주율이 절대적입니다.
- 재시청률: 반복 시청은 강한 품질 신호로 작용합니다.
- 좋아요와 댓글: 짧은 시간 안에 참여가 급증할수록 확장 노출이 발생합니다.
- 공유: 외부 확산은 알고리즘에 추가 가중치를 형성합니다.

◀ 유튜브 스튜디오 참여도 화면

> **Tip** 쇼츠는 자동 재생되므로 CTR(클릭률)의 영향이 롱폼보다 작습니다. 대신 영상 초반 (1~3초 이내) 후킹 문구와 리듬감 있는 편집이 성패를 좌우합니다. 이 말인즉슨 곧 도입부 기획의 중요성을 의미하기도 합니다.

다음 1-2에서는 쇼츠 알고리즘의 지표를 끌어올리는 구체적인 영상 제작 및 편집 원칙을 다뤄보겠습니다.

1-2

롱폼 채널을 위한 쇼츠 운용 전략

▶ 롱폼 하이라이트를 쇼츠로 전환

시청자 반응이 가장 뜨거웠던 장면이나 감정이 터지는 순간 혹은 핵심 정보만 꽉 찬 부분을 골라 30초에서 60초 내외의 하이라이트 영상으로 짧게 편집해 쇼츠로 업로드하면 됩니다.

이때 설명란과 고정 댓글에 원본 영상의 링크를 남겨두는 것을 잊지 마세요. 쇼츠를 보고 흥미를 느낀 시청자가 자연스럽게 긴 영상까지 보러 오게 만드는 훌륭한 '연결 다리'가 됩니다. 이 흐름이 자리 잡으면 채널 전체의 시청 시간이 늘어나게 되고 시청자가 내 채널에 머무는 시간도 안정적으로 길어집니다.

▶ 시리즈 포맷으로 구독 습관 생성

'1탄, 2탄, 3탄'으로 이어지는 콘텐츠 기획이나 '매주 월요일 꿀팁'과 같은 정기 코너를 만들어 보세요. 시청자는 '아, 다음에는 뭐가 나올까?'라는 기대감을 안고 꾸준히 채널을 찾게 됩니다. 특히 영상 마지막에 '다음 편 예고'를 추가해 주는 것이 핵심입니다. 예고편을 보고 호기심을 느낀 시청자는 반드시 잊지 않고 채널을 다시 찾아 다음 영상까지 챙겨 보는 선순환 구조가 자연스럽게 완성됩니다.

▶ 주제 일관성 유지

쇼츠로 유입된 시청자가 내 채널에서 비슷한 주제의 롱폼 영상을 바로 시청할 수 있도록 재생목록을 상단에 고정하세요. 주제가 엇갈리면 이탈률이 높아지고 채널 신뢰도가 떨어지게 됩니다. 일관성은 전환 비용을 최소화하는 가장 단순하면서도 강력한 방법입니다. 이제 쇼츠의 운용 전략을 완벽히 이해했다면 이 구조 위에 '바이럴 쇼츠'*를 만드는 핵심 제작 공식을 살펴보겠습니다.

1-3
바이럴 쇼츠 제작을 위한 세 가지 핵심 공식

▶ 공식 1: 영상 첫 3초 법칙

영상 시작 3초 만에 시청자를 붙잡지 못하면 즉시 다음 영상으로 넘어가게 됩니다.

- 강렬한 첫마디: 결론부터 말하거나 호기심을 자극하는 질문을 던져보세요(예 '이 한 줄만 바꾸면 조회수 10배 뜁니다').
- 예상 밖의 반전: 평범한 시작보다는 엉뚱하거나 충격적인 장면으로 시선을 확 사로잡아야 합니다.
- 즉각적인 보상: 영상을 보면 무엇을 얻을 수 있는지 바로 보여주세요(예 '딱 1분 만에 거북목 펴는 스트레칭').

▶ 공식 2: 패턴 중단(Pattern Interrupt)

1~2초 리듬의 빠른 컷 편집과 텍스트 오버레이, 사운드 전환, 줌 인·아웃 등으로 시각적 자극을 교차 배치합니다. 시청의 흐름을 의도적으로 끊는 순간, 뇌는 '새로운 자극'으로 인식해 시선을 오래 붙잡습니다. 리듬은 기억을 만들고 기억은 공유로 이어집니다.

---

* 바이럴 쇼츠란 짧은 시간 안에 강한 반응을 유도해 빠르게 확산되는 숏폼 영상입니다.

놀라움, 웃음, 공감, 영감 중 하나의 감정 축을 중심으로 영상을 전개하세요. 단순 정보 나열보다 반전, 성취, 실패, 교훈의 짧은 서사가 강력한 몰입을 만듭니다. 결국, 마음이 움직여야 친구들에게 영상을 공유하게 되고 이 '공유'야말로 내 영상이 급속도로 퍼져나가는 가장 빠른 지름길이 됩니다. 시청자의 감정을 움직이는데 성공했다면 다음 1-4에서 이들을 롱폼으로 자연스럽게 데려오는 방법을 살펴보겠습니다.

1-4

쇼츠에서 롱폼으로 연결하는 방법

● CTA(Call to Action)* 추가하기

전환율을 극대화하려면 콘텐츠에 대사, 텍스트, 그래픽, 링크가 동시에 작동해줘야 합니다. 네 가지의 요소가 유기적으로 결합될 때, 시청자의 행동은 즉각적으로 이어집니다.

- 말: 전체 가이드는 본편에서 확인하세요
- 텍스트: 전체 영상 보러 가기
- 그래픽: 화살표 또는 하이라이트 박스
- 링크: 설명란, 고정 댓글, 재생목록 연결

---

* CTA는 '행동 유도 문장(Call To Action)'을 의미하며, 1-7에서 자세히 다룹니다.

 업로드 타이밍 전략

쇼츠와 롱폼 채널 별로 데이터를 비교하며 가장 효과적인 업로드 패턴을 고정하세요.

전략	세부 내용
쇼츠 → 롱폼	쇼츠로 관심을 유도한 뒤 2~3일 내에 본 영상(롱폼) 게시.
롱폼 → 쇼츠 분할	본 영상(롱폼)을 업로드한 직후, 핵심만 담은 하이라이트를 여러 개의 쇼츠로 재활용.
동시 업로드	본 영상(롱폼) 하이라이트 쇼츠를 동시에 게시해 상호 회유 극대화.

 채널 브랜딩 일관성 유지

짧은 인트로와 아웃트로 워터마크, 통일된 자막과 효과음, 일관된 타이포그래피는 시청자에게 채널의 정체성을 빠르게 각인시킵니다. 이러한 요소가 반복될수록 시청자는 콘텐츠를 보자마자 '아, 여기구나' 하고 채널을 즉시 인식하게 됩니다. 이는 쇼츠에서 형성된 인식을 롱폼까지 그대로 이어주는 역할을 합니다.

시청자는 쇼츠에서 보던 시각적, 청각적 요소를 롱폼에서 다시 인식하는 순간, 별도의 판단 없이 시청을 이어갑니다. 이때 브랜딩은 단순히 화면을 예쁘게 꾸미는 장식이 아닙니다. 시청자가 구독 버튼을 누르기 전에 먼저 우리 채널을 믿을 수 있게 만드는 가장 기초적인 신뢰 쌓기 과정이라는 점을 잊지 마세요.

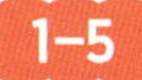

롱폼과 쇼츠를 연계한, 성공 필승 공식

단순히 잘 된 채널을 부러워하지 말고 그들이 사용하는 콘텐츠 구성을 내 채널에 가져와야 합니다. 분야별로 시청자를 유입하는 방법은 각각 다릅니다. 다음 콘텐츠 분야별로 예를 들어 설명해 보겠습니다.

◉ 교육 및 정보 채널: 문제 콕 찌르기 & 해결책 맛보기 전략

쇼츠 영상은 사람들이 일상에서 한 번쯤 경험해 본 답답한 상황이나 문제를 보여주고 '해결 방법이 영상에 있다'는 것만 짧게 알려줍니다. 쇼츠를 보던 시청자가 '어? 이거 내 얘기인데?'하고 집중해서 보다가 궁금증에 자연스레 본편을 클릭하게 만드는 방식입니다.

> - **영어 채널 쇼츠**
>   '언제까지 I'm fine thank you만 할 건가요? 원어민은 절대 그렇게 말 안 합니다.' → 충격 주기
> - **영어 채널 롱폼**
>   '미국인이 매일 쓰는 진짜 인사말 다섯 가지' → 해결책 강의

> - **다이어트 채널 쇼츠**
>   '열심히 굶었는데 왜 살이 안 빠질까요? 범인은 바로 이 음료수입니다.' → 문제 제기
> - **다이어트 채널 롱폼**
>   '살 안 찌면서 배부르게 먹는 식단표 공개' → 상세 가이드

◉ 엔터테인먼트 및 예능 채널: 하이라이트 & 팬덤 만들기 전략

쇼츠 영상은 영화 예고편을 생각하면 쉽습니다. 가장 웃기거나 결정적인 장면을 1분으로 함축해 보여주는 겁니다. 쇼츠를 보던 시청자가 'ㅋㅋ 이거 뭐냐'하고 터지면 그 재미를 더 길게 느끼고 싶어서 자연스레 본 영상을 찾아옵니다.

> - **먹방 채널 쇼츠**
>   치즈가 끝도 없이 늘어나는 가장 맛있는 한 입 장면 → 시각적 자극
> - **먹방 채널 롱폼**
>   엽기 떡볶이 세 통 다 먹는 풀 영상 → 대리 만족

> - **커플 · 일상 채널 쇼츠**
>   남자친구가 여자친구 몰래카메라를 하다가 들키는 가장 당황스러운 순간 → 도파민
> - **커플 · 일상 채널 롱폼**
>   몰래카메라 준비 과정부터 결말까지 전체 스토리 → 서사

▶ 비즈니스 및 마케팅 채널: 결과 선공개 & 꿀팁 풀기 전략

비즈니스 채널의 쇼츠 영상은 '그래서 뭐가 좋은데?'의 결과를 바로 보여줘야 합니다. 쇼츠에서 확실한 성과(돈, 시간 단축)를 먼저 자랑하고 영상에서 '너도 할 수 있어'라며 방법을 알려주는 겁니다.

- **엑셀 및 업무 스킬 채널 쇼츠**
  '부장님이 3시간 걸린다고 한 일, 엑셀 단축키 하나로 3초 만에 끝냈습니다.' → 마법 같은 결과
- **엑셀 및 업무 스킬 채널 롱폼**
  '직장인 퇴근 시간 당겨주는 필수 함수 세 가지 배우기' → 구체적 방법

- **재테크 및 부업 채널 쇼츠**
  '집에서 노트북 하나로 월 100만 원 더 버는 방법, 통장 인증합니다.' → 결과/베네핏
- **재테크 및 부업 채널 롱폼**
  '초보자도 따라 할 수 있는 블로그 수익화 A to Z' → 따라 하기 강의

Tip 롱폼 영상이 메인인 채널에서 가장 경계해야 할 것은 쇼츠를 '완벽한 요약본'으로 만드는 것입니다. 쇼츠 영상 1분만 보고도 모든 궁금증이 해소된다면 시청자는 굳이 링크를 클릭해 본 영상으로 넘어오지 않습니다. 오히려 롱폼 조회수를 갉아먹는 결과만 낳습니다. 성공적인 연계의 핵심은 '의도적인 결핍'을 남겨두는 것입니다.

형식	기능
쇼츠(예고편)	흥미를 유발하고 문제의 심각성을 알리며 결과의 화려함을 극대화해 보여줍니다. 가장 중요한 '핵심 열쇠(key)'는 보여주지 마세요.
롱폼(본편)	쇼츠에서 감질나게 숨겨두었던 '핵심 열쇠(구체적인 방법, 레시피, 뒷이야기 등)'를 채워줍니다.

쇼츠는 친절한 요약본이 아니라 불친절한 예고편이어야 합니다. 시청자가 '뒤의 내용이 너무 궁금해서 참을 수 없다'라는 갈증을 느껴 링크를 클릭해 롱폼 영상으로 넘어오게 만들어야 합니다.

쇼츠 단독 채널 운영 전략: 쇼츠만으로 성장하는 구조

모든 채널이 롱폼을 병행해야 하는 것은 아닙니다. 쇼츠만으로도 구독자 수십만 명과 수백만 조회수를 기록하는 채널도 적지 않으며, 이 중에는 대기업 연봉 이상의 수익을 창출하는 '쇼츠 전문 채널'도 등장하고 있습니다. 이들은 쇼츠를 '입구'가 아닌, 콘텐츠의 완결 형태로 영상을 설계합니다. 쇼츠 단독 채널의 핵심은 영상 한 편으로 시청자 만족 → 반복 시청 → 구독까지 모두 발생하도록 만드는 데 있습니다.

▶ 확실한 캐릭터와 콘셉트(나만의 색깔)

영상의 길이가 짧은 만큼 시청자가 내 채널을 기억할 시간도 부족합니다. 그래서 '이 채널은 무엇을 하는 곳이다'라는 색깔이 롱폼 채널보다 훨씬 더 선명해야 합니다. 얼굴이 나오든 안 나오든, '말투, 등장하는 캐릭터, 편집 스타일, 다루는 주제' 중 하나는 반드시 통일해서 시청자의 뇌리에 깊게 박혀야 합니다.

▶ 흥미·정보 중심의 콘텐츠와 트렌드 속도전

쇼츠 시청자는 복잡한 서사보다 직관적인 흥미나 즉각적인 정보를 원합니다. '킬링타임'용 재미를 주거나, '생활 꿀팁' 같은 유용한 정보를 1분 안에 꽉 채워 전달하세요. 또한 트렌드에 누구보다 민감해야 합니다. 지금 뜨는 밈(Meme), 챌린지, 이슈가 있다면 고민하지 말고 빠르게 제작해서 업로드해야 합니다. 쇼츠 생태계에서는 '속도가 곧 조회수'라는 점을 명심하세요.

▶ 조회수 수익 그 이상을 노려라(수익화 전략)

솔직히 말해 쇼츠의 조회수 수익(광고비)은 롱폼보다 적습니다. 하지만 실망할 필요는 없습니다. 쇼츠는 제품 홍보나 브랜딩에 아주 효과적이라 광고 협찬(브랜디드 콘텐츠)이 롱폼보다 자주 들어옵니다. 또한 쇼츠에 '제품 태그'를 걸어 물건을 판매하거나(쇼핑), 제휴 마케팅으로 조회수 수익의 몇 배를 벌 수 있다는 점을 꼭 기억하세요.

▶ 쇼츠 단독 채널에 적합한 콘텐츠 유형

쇼츠 영상을 단독으로 운영하는 채널은 다음과 같은 주제에서 특히 강점을 보입니다.

- 정보 요약형: 생활 꿀팁, 상식, 돈, 절약, AI 도구 사용법
- 반복 소비형: 명언, 동기부여, 공감 문장, 심리 문구
- 엔터테인먼트형: 유머, 연애, 밈, 반전 영상, 리액션, 상황극
- 비주얼 중심형: 만족 영상, ASMR, 전후 비교, 과정 압축

▶ 쇼츠만을 위한 소재 발굴 노하우

쇼츠의 소재가 고민된다면 앞서 다뤘던 Lesson 01 의 [1-4. 실전 킬러 소재 발굴(시크릿 모드 & 모니터링)] 부분을 참고해 보세요. 이 방법을 쇼츠에 적용하면 소재는 무궁무진하게 찾을 수 있습니다. 중요한 것은 실행입니다. 단순히 영상만 보지 말고 해당 영상을 분석해 나만의 '벤치마킹 리스트'에 채널을 추가해 두세요. 성공한 영상의 장점을 내 채널에 접목해 나만의 색깔을 입히는 과정을 반복하다 보면 조회수 역시 점진적으로 개선될 것입니다.

CTA(Call To Action)란 무엇인가?

CTA는 'Call To Action'의 약자로 직역하면 '행동을 부르는 문장'이라는 뜻입니다. 즉, 시청자에게 영상 시청 이후에 무엇을 해야 하는지 구체적으로 안내하는 문장입니다. 유튜브나 인스타에서 '좋아요 눌러주세요'처럼 단순히 요청하는 문장도 있지만 진짜 효과적인 CTA는 '행동의 이유'를 함께 제시합니다.

예를 들어 '좋아요와 구독 부탁드립니다'보다는 '영상에 나온 템플릿은 설명한 첫 줄에서 다운로드할 수 있습니다'처럼 단순 부탁이 아닌 시청자가 영상을 봄으로써 얻을 수 있는 '가치'를 제안해야 합니다. 그래야 전환율(클릭률, 참여율)이 높게 나옵니다. 다음 효과적인 CTA 세 가지를 살펴보며 감을 익혀 보겠습니다.

▶ 효과적인 CTA의 세 가지 조건

❶ 행동이 명확할 것

무엇을 해야 하는지 문장을 보고 1초 만에 이해할 수 있어야 합니다. '링크를 클릭하세요', '전체 영상을 확인하세요'처럼 시청자가 해야 하는 구체적인 행동을 지시하세요.

❷ 이익이 느껴질 것

시청자가 문장을 보고 행동했을 때 얻을 수 있는 확실한 보상이 있어야 합니다. '무료 템플릿을 드립니다', '숨겨진 꿀팁을 더 볼 수 있습니다'처럼 이득을 제시하세요.

❸ 맥락이 자연스러울 것

뜬금없이 나오는 광고는 거부감을 줍니다. 영상의 내용이나 흐름에 방해가 되지 않도록 물 흐르듯 자연스럽게 이어지는 것이 중요합니다.

▶ 플랫폼별 CTA 예시

플랫폼의 성격에 따라 CTA 문장은 달라지지만, 전달하려는 핵심은 같습니다. 결국, CTA는 시청자에게 '행동의 이유'를 설득하는 문장이라는 점 잊지 마세요.

- 유튜브 쇼츠: '전체 가이드는 설명 첫 줄에서 확인하세요.'
- 인스타 릴스: '자세한 내용은 프로필 링크에서 보실 수 있어요.'
- 틱톡: '댓글에 '유튜브'라고 남기면 본편 링크 보내드릴게요.'
- 페이스북: '전체 과정은 첫 댓글의 영상 링크에서 확인 가능합니다.'
- X(트위터): '세부 단계는 마지막 트윗의 본편 링크를 참고하세요.'

마무리

쇼츠는 더 이상 부가 기능이 아니라 채널 성장의 핵심 축입니다. 영상 초반 후킹 문구, 지루할 틈 없는 편집 그리고 감정 설계로 시청자를 끝까지 붙잡으세요. 여기에 행동 유도 문장(CTA)과 브랜딩을 더하면 쇼츠는 단순한 트래픽이 아니라 채널의 든든한 자산이 됩니다. 결국, 쇼츠의 목표는 '한 번 터지는 조회수'가 아니라 '채널 전체의 지속적인 성장'이라는 점을 꼭 기억하세요.

그런데, 이렇게 공들여 만든 영상을 유튜브에만 묵혀두기에는 너무 아깝지 않나요? 다음 **Lesson 04** 에서는 힘들게 만든 유튜브 영상을 재가공해, 인스타그램, 틱톡, 블로그 등 '다섯 개 플랫폼에 동시에 업로드해 효과를 극대화하는 크로스 플랫폼 전략'에 대해 알아보겠습니다.

유튜브 콘텐츠 하나로 5개 플랫폼 콘텐츠 생성 : 크로스 플랫폼 전략

유튜브 콘텐츠는 한 번 제작하면 끝이 아닙니다. 하나의 본 영상(롱폼)과 쇼츠만으로도 다섯 개의 플랫폼에 동시에 유통할 수 있습니다. 핵심은 형식에 따라 재가공의 방향이 달라진다는 것입니다. **Lesson 04** 에서는 롱폼 쪼개기(본편 기반 멀티 유즈)와 쇼츠 영상 확장(동시 게시형 멀티 유즈)의 두 가지 방식을 모두 다뤄보겠습니다.

1-1

잘 만든 롱폼 하나, 열 쇼츠 안 부럽다
: 콘텐츠 무한 확장 기술

10분 이상의 본편 영상이 있다면 그 안에는 최소 다섯 개의 쇼츠 아이디어가 숨어 있습니다. 핵심은 가장 반응이 좋은 순간을 짧게 추출하고 플랫폼마다 문체를 다르게 적용하는 것입니다.

▶ 롱폼에서 꼭 챙겨야 하는 다섯 가지

막연하게 자르지 마세요. 다음 다섯 가지 기준에 맞춰 '추출'해야 합니다.

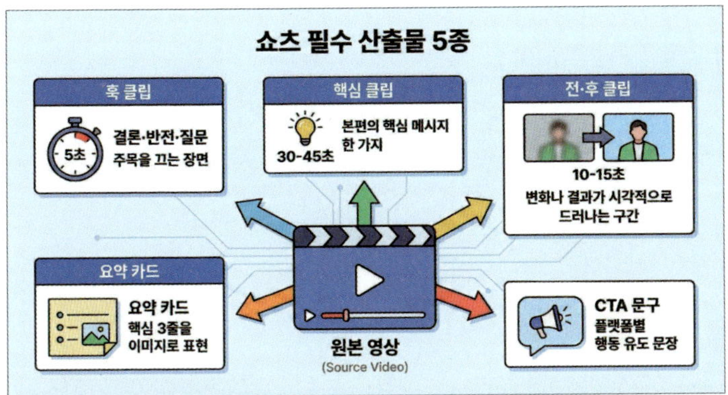

▶ 쇼츠 제작 순서

영상 하나를 만들더라도 다섯 가지 구성 요소를 꼭 챙겨야 트래픽을 극대화할 수 있습니다. ❶~❸번은 영상 내 배치 순서이며, ❹~❺번은 업로드 시 필요한 필수 요소입니다.

1 · 영상 편집 배치 순서(타임라인)

❶ 훅 클립(The Hook, 5초 내외)

- 역할: 무심코 스크롤을 내리던 시청자의 엄지손가락을 멈추게 하는 '강력한 미끼'입니다.

- 추출 포인트: 영상의 결론을 맨 앞으로 가져오거나, '이게 가능하다고?' 싶은 반전 리액션, 혹은 호기심을 자극하는 질문 구간을 배치하세요.

❷ 핵심 클립(The Core, 30~45초)

- 역할: 시청자가 영상을 끝까지 봐야 할 이유를 증명하는 '알맹이'입니다.

- 추출 포인트: 서론과 잡담은 과감히 버리세요. 영상이 전달하려는 가장 중요한 정보나 핵심 메시지 딱 한 가지만 남겨 타이트하게 편집해야 합니다.

❸ 전·후 클립(Before & After, 10~15초)

- 역할: 백 마디 말보다 강력한 '시각적 증명'입니다. 변화의 과정을 보여주어 시각적 쾌감을 줍니다.
- 예시: (기술/AI) '프롬프트 입력 전' → 'AI 적용 후 퀄리티 변화'
  (다이어트) 'D-30 배 나온 모습' → 'D-Day (복근 장착)'
  (청소/정리) '발 디딜 틈 없던 방' → '호텔처럼 변한 공간'

2 · 업로드 필수 세트(배포용)

❹ 요약 카드(Summary Image, 이미지 1장)

- 역할: 영상(MP4)이 아닙니다. 유튜브 [커뮤니티] 탭이나 인스타그램에 올릴 '한 장짜리 카드 뉴스(JPG)'입니다. 영상을 클릭하지 않고 글만 읽는 시청자에게 핵심 내용을 떠먹여 주기 위함입니다.
- 제작 포인트: 영상 내용을 다 보지 않아도 이해할 수 있도록, 핵심 내용 3줄을 텍스트로 적어 이미지로 만드세요.

❺ CTA 문구(Call To Action, 1세트)

- 역할: 시청자를 단순 관객에서 내 채널의 방문자로 바꾸는 '행동 유도 장치'입니다.
- 작성 포인트: 막연하게 '구독해 주세요'라고 하지 말고, 구체적인 행동을 지시해야 합니다. 예를 들어 '이 영상의 풀버전은 고정 댓글 링크를 클릭하세요.'와 '더 자세한 정보는 설명란에 남겨두었습니다.'입니다.

숏폼 그대로 확장하기

쇼츠의 가장 강력한 장점은 '영상 하나로 여러 플랫폼을 동시에 공략할 수 있다'는 점입니다. 요즘은 60초 이하의 쇼츠 한 편만 있으면 유튜브 쇼츠, 인스타 릴스, 틱톡, 페이스북 릴스, X(트위터)까지 재편집 없이 모두 운영할 수 있습니다. 중요한 점은 영상을 바꾸는 것이 아니라 맥락을 바꾸는 것입니다. 기본 영상은 그대로 사용하고 플랫폼에 맞게 문장, 자막, CTA만 조정하면 됩니다. 이전략대로 라면 콘텐츠 제작 비용 없이 영상의 노출 채널은 5배로 확장됩니다.

▶ 플랫폼 동시 운용 핵심 원리

똑같은 영상이라도 플랫폼의 특성에 맞게 문맥을 현지화하고, 각 플랫폼에서 통용되는 언어와 해시태그 흐름에 맞춰 자막과 설명문을 수정해야 합니다. 플랫폼별 차이점은 다음과 같습니다.

플랫폼	톤·스타일	CTA 위치	예시문
유튜브 쇼츠	정보 중심, 직설적	설명 첫 줄	전체 가이드는 본편 링크에서 확인하세요.
인스타 릴스	감성 중심, 부드러운 문체	프로필 링크	자세한 내용은 프로필 링크에서 볼 수 있어요.
틱톡	유머 중심, 빠른 템포	댓글 유도	댓글에 '링크'라고 남기면 알려드릴게요!
페이스북 릴스	공감형, 스토리 중심	첫 댓글	전체 영상은 첫 댓글 링크에서 확인 가능합니다.
X(트위터)	논쟁형, 짧은 요약문	스레드 마지막	세부 과정은 마지막 댓글에서 확인하세요.

> **Tip** 인스타와 X(트위터)는 '댓글 자동화'가 대세입니다. 최근에는 '프로필 링크 가서 보세요' 보다 '댓글 달면 DM으로 바로 보내드릴게요'라는 말이 더 폭발적인 반응을 일으킵니다.
>
> | 플랫폼 | 특징 |
> | --- | --- |
> | 인스타그램 | 댓글에 '돈 버는 법'이라고 남겨주세요. 전자책 링크를 1초 만에 보내드립니다 (매니챗 같은 자동화 도구 활용). |
> | X(트위터) | 이 글을 RT하고 답글에 '신청'이라고 적어주세요. DM으로 자료를 쏴드립니다. |
>
> 시청자는 프로필 링크를 찾아 들어가는 번거로움이 없어서 좋고 크리에이터는 댓글 참여 점수를 챙길 수 있어 서로에게 이득입니다. 영상이나 글 내용은 그대로 쓰되, 마지막 멘트를 '키워드 입력' 방식으로 변경하면 참여율이 2배 이상 높아집니다.

1-3

AI 도구를 활용한 자동 변환

최근에는 쇼츠 영상을 다른 플랫폼 형식으로 자동 변환해 주는 AI 도구들이 등장했습니다.

▶ AI 자동 변환 추천 도구

도구명	특징	비용
오퍼스 클립	본 영상에서 자동으로 숏폼 클립 추출	Starter, Pro, Business의 세 가지 유료 플랜으로 나뉘며, Starter 기준 월 $15입니다.
클랩	틱톡, 릴스용 버전 쇼츠 영상 자동 생성	Klap, Klap Pro, Klap Pro+의 세 가지 유료 플랜으로 나뉘며, Klap 기준 월 $17입니다.

▶ AI 유료 도구를 활용한 자동 변환 실전 3단계

AI 도구의 복잡한 사용법을 따로 배울 필요는 없습니다. 오퍼스클립(Opus Clip), 클랩(Klap.app) 등 대부분의 AI 도구는 사용법이 놀라울 정도로 비슷하기 때문입니다. 영상 주소를 입력한 후 선택하고 내보내면 끝입니다. 누구나 5분이면 따라 할 수 있는 가장 기본적인 작업 순서를 소개합니다.

❶ 영상 주소 복사 & 붙여넣기(Input)

AI 도구를 실행하면 홈 화면에 검색란처럼 생긴 [입력란]이 보입니다. [입력란]을 클릭한 후 쇼츠로 만들고 싶은 유튜브 영상의 링크(URL)를 복사해 붙여넣기를 합니다(파일 업로드도 가능하지만 유튜브 링크를 추가하는 것이 가장 빠르고 오류가 적습니다).

❷ AI 제작 및 분석

링크를 다시 한번 확인한 후 버튼(오퍼스클립은 [Get clips in 1 Click], 클랩은 [Generate])을 클릭합니다. AI가 영상 분석을 시작하고 잠시 후 분석이 완료되면 프로그램에서 자동으로 영상의 하이라이트 구간을 출력해 다양한 쇼츠 영상으로 보여줍니다.

❸ 편집 및 내보내기(Export)

완성된 결과물을 확인한 후 가장 마음에 드는 영상 하나를 선택하세요. 대부분의 도구는 '바이럴 점수'나 '하이라이트 점수'를 매겨주므로 점수가 높은 것부터 확인하면 실패 확률이 낮습니다(간단히 필요한 부분만 편집해 내보내기를 해도 됩니다).

> **Tip** 자막이 틀린 곳은 없는지, 사람 얼굴이 화면 중앙에 잘 나오는지 영상을 재생해 확인해 주세요. 수정할 게 없다면 [내보내기(Export)] 또는 [다운로드] 버튼을 클릭해 영상을 저장하고 유튜브 쇼츠나 인스타그램 릴스에 업로드하면 모든 과정이 끝납니다.

1-4
숏폼 운영 핵심 요약

▶ 영상 내용은 동일해도 좋다!

똑같은 영상을 사용해도 괜찮습니다. 중요한 것은 플랫폼마다 문장과 행동 유도(CTA)를 다르게 설계하는 것입니다. 이 원칙만 잘 지킨다면 영상 하나로 여러 채널을 동시에 효과적으로 운영할 수 있습니다.

▶ 플랫폼별 성격에 맞춘 자막과 표현 사용!

플랫폼마다 '클릭을 유도하는 행동 버튼'이 다릅니다. 유튜브에서는 저장과 시청 지속 시간이 반응을 만들고 인스타그램에서는 공감과 DM이 확산을 만듭니다. 반면 틱톡은 즉각적인 반응과 영상의 반복 시청이 알고리즘을 움직입니다. 같은 영상이라도 시청자에게 어떤 행동을 유도하느냐에 따라 성과는 완전히 달라집니다.

▶ AI 도구 적극 활용!

AI 도구는 생산성을 높이는 강력한 수단입니다. 하나의 영상을 여러 버전으로 자동 분할하거나 생성해 보세요. 제작 시간은 줄이면서 채널에 더 많은 실험을 시도할 수 있습니다. 쇼츠 운영에서 AI를 적절히 활용하면 단순 반복 작업에 들이는 시간을 획기적으로 줄일 수 있습니다.

▶ '복제'가 아니라 '현지화'가 핵심!

'복제'가 아니라 '플랫폼 현지화'가 성과를 만듭니다. 영상을 그대로 복사해서 올리는 멀티 업로드는 효과가 제한적이지만 문맥과 언어를 각 플랫폼의 특성에 맞게 바꿀 때 비로소 같은 영상이라도 전혀 다른 폭발적인 성과를 내게 됩니다.

마무리

쇼츠는 단순히 길이가 짧은 영상이 아닙니다. 나의 채널로 사람들을 불러 모으는 가장 거대한 '입구' 역할을 합니다. 잘 만든 롱폼 영상 하나를 본문에서 설명한 방법을 참고하여 다섯 개의 플랫폼에 동시에 업로드해 보세요. 노출 범위는 5배 넓어지고 채널이 성장하는 속도는 10배 이상 빨라집니다. 영상은 똑같은 파일을 사용해도 상관없습니다. 중요한 것은 각 플랫폼에 모인 사람들에게 맞는 '말투'와 '문장'으로 다가가는 것입니다. 행동 유도(CTA)를 명확히 하고 설명글만 살짝 바꿔주면 하나의 영상이 다양한 곳에서 제각기 다른 매력으로 살아나게 됩니다.

유튜브 콘텐츠 하나로 다국적 시장 진입 :해외 멀티 유즈 전략

유튜브 운영의 효율을 극대화하려면 멀티 유즈를 반드시 고려해야 합니다. 본문에서 말하는 멀티 유즈는 단순 복사가 아니라 하나의 영상을 기반으로 언어, 메타데이터, 오디오, 편집을 현지화하여 다른 국가 및 채널에 새롭게 유통하고 수익화하는 전략입니다. 즉, 내가 만든 하나의 영상을 재활용하는 개념입니다. Lesson 05 에서는 클릭 한 번으로 내 영상을 전 세계 언어로 바꿔 글로벌 시장을 공략하는 '해외 멀티 유즈 전략'을 구체적으로 살펴보겠습니다.

멀티 유즈는 콘텐츠 운영의 효율을 극대화하는 전략입니다

유튜브를 제대로 운영하려면 '멀티 유즈 전략'을 반드시 고려해야 합니다. 내가 만든 하나의 영상을 언어권 별로 활용해 다양한 채널에 유통하고 수익화할 수 있어야 합니다. 영상을 다국어로 변환해 다른 국가 채널에 업로드하는 것만으로도 노출, 구독자, 수익을 모두 두 배 이상으로 늘릴 수 있습니다. 특히 콘텐츠 제작 리소스를 최소화하면서 글로벌 시장에 진입하는 가장 현실적이고 실전적인 방식이기도 합니다.

예를 들어 한국어로 제작한 콘텐츠에 일본어 자막을 추가하고 일본어 내레이션 또는 더빙 버전을 제작해 '일본어 전용 채널'에 업로드하면 전혀 다른 콘텐츠로 인식되어 하나의 영상으로 2개 이상의 채널에서 수익을 창출하는 구조가 만들어지며 이것이 멀티 유즈 전략의 핵심입니다.

> **Tip** 참고로 시스템상 콘텐츠 일치율이 높게 나와 중복으로 인식될 수 있으나, 영상의 원작자가 본인이기 때문에 저작권이나 정책 위반 문제는 없습니다. 유튜브가 제재하는 건 타인의 콘텐츠를 무단 재사용하는 경우이지 본인이 제작한 영상을 다국어로 변환했다고 정책상 문제 삼지 않으니 참고해 주세요.

1-2

운영 중인 채널을 적극 활용하세요

신규 채널을 만들면 구독자가 없는 상태에서 알고리즘 노출도 쉽지 않습니다. 따라서 어느 정도 조회수가 형성된 채널이 있다면 그 채널을 서브 플랫폼으로 활용하는 것이 훨씬 효율적입니다. 예를 들어 영어 쇼츠 채널을 별도로 운영하고 있다면 기존 한국어 영상에서 핵심만 추출해 영어 자막을 입힌 후 쇼츠로 업로드하면 빠르게 반응을 얻을 수 있습니다. 이 전략은 초기 노출 확보와 알고리즘 반응을 이끌어내는 데 큰 도움이 됩니다.

1-3

일본은 가장 효과적인 첫 번째 확장 시장입니다

어느 국가에서 시작해야 하는지 고민된다면 일본을 추천합니다. 한국과 문화적 유사성이 높고 한국 콘텐츠에 대한 호감도가 높은 일본은 해외 멀티 유즈의 테스트 시장으로 최적입니다. 일본어 자막이나 내레이션 버전이 추가된 영상은 제작한 후 썸네일과 제목도 일본 시청자 눈높이에 맞게 수정한다면 조회수 확보가 쉬워집니다. 특히 일본 시장은 K-콘텐츠에 대한 친숙도가 높고 영상 퀄리티가 일정 수준만 되면 시청자 구독과 반응이 빠르게 나타나는 특징이 있습니다. 한·일 간의 콘텐츠 소비 패턴도 유사해 초보자에게도 도전 난도가 낮은 편입니다.

1-4

중복 콘텐츠로 제재 받지 않습니다

앞에서도 잠깐 설명했지만 많은 사람이 우려하는 것 중 하나가 '똑같은 영상을 다른 채널에 올리면 유튜브의 제재를 받지 않을까?'입니다. 하지만 유튜브는 다른 언어로 재가공한 콘텐츠에 대해서는 중복 콘텐츠로 간주하지 않습니다(단순 자막 교체만으로는 리스크가 있습니다). 영상의 내레이션, 자막, 썸네일, 제목, 설명란까지 언어에 맞게 번역해야 '재사용 콘텐츠' 경고를 피할 수 있습니다.

요약하자면, '원본 영상의 구조는 같지만, 언어와 전달 방식은 다르게 가공하는 것'이 핵심이며 추후 알고리즘에도 긍정적으로 작용합니다.

하나의 콘텐츠로 2~3개의 채널을 운영하고, 언어별로 3~4개 국가 시장에 동시 진입하면 채널 노출량과 수익이 기하급수적으로 증가합니다. 특히 미국, 독일, 일본 등은 CPM 단가가 한국보다 2~3배 높기 때문에 수익화에 매우 유리합니다. 또한, 쇼츠, 롱폼, 라이브 등 플랫폼 내에 다양한 포맷으로 확장하면 콘텐츠 하나로 여러 번의 수익 기회를 만들 수 있습니다.

정리하자면 해외 멀티 유즈 전략은 '하나의 콘텐츠로 여러 국가 채널에 진입해 콘텐츠 수익화 구조를 확장하는 실전 전략'입니다. 제대로 활용하면 콘텐츠 제작 부담을 줄이면서도 글로벌 유튜브 시장에서 큰 성과를 기대해 볼 수 있습니다.

유튜브,
얼굴 노출 없이 대박 나는 법

'유튜브는 얼굴을 보여야 성공한다.' 유튜브를 이제 막 시작한 초보자분들은 '영상에 얼굴을 비춰야 성공한다'고 믿습니다. 그러나 이건 잘못된 생각입니다. Lesson 06 에서는 얼굴을 노출하지 않고도 수익을 창출하고 채널의 브랜드를 구축하는 방법을 구체적으로 살펴보겠습니다.

얼굴 노출 없이 시작하는 이유

최근 유튜브에서는 얼굴을 노출하지 않는 채널이 오히려 더 빠르게 성장하고 있습니다. 필자가 생각한 이유를 정리하면 다음과 같습니다.

▶ 사생활 보호

유튜브에 영상을 업로드하다 보면, 가족이나 직장 동료, 친구 등 주변 지인들에게 사생활이 드러나는 것이 부담스러울 때가 있습니다.

얼굴을 노출하지 않는 방식으로 채널을 운영하면 프라이버시를 지키면서도 안정적으로 콘텐츠 제작을 이어갈 수 있습니다.

▶ 콘텐츠 본질에 집중

시청자는 크리에이터의 얼굴보다 콘텐츠가 주는 가치에 더 크게 반응합니다. AI 캐릭터, 영상 자료, 자막, 내레이션만으로도 시청자의 몰입을 이끌어 낼 수 있습니다.

▶ 연출의 자유로움

얼굴을 노출하지 않는 대신 다양한 연출 방식을 활용할 수 있습니다. 예를 들어 캐릭터 영상이나 애니메이션, 자막과 이미지, BGM만으로 개성 있는 영상 제작이 가능하며, 이러한 방식은 크리에이터가 등장하지 않는 채널을 '콘텐츠로 승부하는 채널'로 인식하게 만드는 데 효과적입니다.

AI 목소리와 더빙 활용하기

AI 음성 기술은 '사람의 목소리'를 자연스럽게 모방해 이제는 영상 제작에서 빠질 수 없는 요소가 되었습니다.

▶ AI 음성 장점

직접 녹음하지 않아도 빠르게 영상을 제작할 수 있고 남녀, 연령, 음의 높낮이에 따라 다양한 목소리를 선택할 수 있습니다.

▶ AI 음성 단점

아직은 감정 표현이 많이 부족하고 억양이 어색한 부분이 있어 후편집 조정이 필요합니다.

▶ AI 음성 추천 도구 및 활용

대표적인 플랫폼으로는 일레븐랩스*와 타입캐스트**가 있습니다. 두 플랫폼 모두 한국어 지원이 우수하며 섬세한 감정 조절이 가능합니다. 무료로 테스트 가능한 사이트도 있지만, 상업적 활용을 고려한다면 유료 플랜의 품질과 라이선스 조건을 확인해 사용하는 것을 권장합니다.

- 전체 내레이션용: 뉴스 · 정보형 콘텐츠에 적합
- 부분 더빙용: 인터뷰나 질문자 역할처럼 보조 효과로 사용
- 멀티 보이스 연출: 여러 AI 목소리를 섞어 대화극 또는 애니메이션 제작

1-3

얼굴 노출 없는 채널의 새로운 방향 'AI 실사 모델'

이제 더 이상 만화형 캐릭터나 아바타를 만들지 않아도 됩니다. AI로 생성한 실사형 인물 하나면 충분합니다. AI가 생성한 이미지에 립싱크와 표정 움직임을 적용하면 마치 실제 인물이 말하는 것처럼 자연스러운 영상을 제작할 수 있습니다.

---

* https://elevenlabs.io/
** https://typecast.ai/

◉ AI 이미지로 가상인물 제작하기

미드저니, 나노 바나나, SeaDream(씨드림) 등의 AI 이미지 생성 모델을 활용하면 실제 인물과 거의 구분되지 않는 고해상도 실사 이미지를 생성할 수 있습니다. 성별, 연령, 표정, 의상, 배경을 섬세하게 설정해 브랜드 콘셉트에 맞는 인물도 만들 수 있으며 얼굴을 보이지 않아도 시청자에게 시각적 존재감을 전달할 수 있습니다. 이렇게 생성한 이미지는 단순히 프로필용으로 사용하는 것을 넘어 표정을 다양하게 제작해 두면 영상의 출연자처럼 활용할 수 있습니다. 특히 립싱크 영상 제작 시 더욱 자연스러운 결과물을 얻을 수 있습니다.

◀ AI 활용 가상인물 제작하는 방법 보러가기

◉ AI 립싱크 기술 활용하기

AI 립싱크 기술은 정적인 이미지를 실제 인물처럼 자연스럽게 움직이게 합니다. 텍스트나 음성을 입력하면 AI 도구가 이미지의 입 모양과 표정을 자동으로 조정하고 목소리의 감정 톤에 맞춰 얼굴의 미세한 움직임까지 재현합니다. 대표적인 추천 플랫폼은 다음과 같습니다.

플랫폼	특징
클링	영상 플랫폼에 업로드한 인물 영상이나 AI가 만든 인물 장면에 립싱크 적용 가능. 음성 파일이나 텍스트를 기반으로 입 모양을 정밀하게 동기화하며 짧은 클립 제작에 강점.
헤이젠 (HeyGen)	이미지를 업로드한 후 음성이나 텍스트를 입력하면 인물의 자연스러운 시선 처리와 립싱크가 자동 생성.
D-ID	표정 변화를 섬세하게 재현해 뉴스, 강의, 내레이션형 영상에 적합. 실제 촬영 없이도 AI 인물이 대신 출연해 설명하고 정보를 전달하는 영상 제작 가능.

▶ 실사 기반 영상으로 확장

AI 립싱크 영상은 단순한 내레이션 전달 외에 제품 소개, 뉴스 브리핑, 교육 콘텐츠 등 '출연형 영상'의 대체 수단으로 점점 발전하고 있습니다. 배경만 교체하거나 AI가 생성한 스튜디오 이미지와 결합하면 실제 촬영한 듯한 완성도 높은 결과물을 얻을 수 있습니다.

AI 실사 모델과 립싱크 기술의 결합은 얼굴 노출 없는 채널에서도 전문적인 인물 중심 콘텐츠를 제작할 수 있도록 만들어 줍니다. 이는 단순히 '얼굴을 감추는 방식'이 아닌 'AI로 대체 출연하는 새로운 영상 제작 방식'이라 할 수 있습니다.

▶ 브랜딩의 새로운 기준으로서 AI 모델

시청자는 이제 '누가 말하느냐'보다 '무엇을 말하느냐'에 더욱 집중합니다. AI 실사 모델을 채널의 대변인으로 세우면 크리에이터는 얼굴 공개의 부담 없이 브랜드 일관성을 유지할 수 있습니다. 즉, 보이지 않지만 존재감이 강한 채널을 만들 수 있으며 오늘날 얼굴 노출 없는 채널의 새로운 방향입니다.

1-4
콘텐츠 소재 발굴과 자료 수급 방법

▶ AI 영상 제작 사이트 활용

최근에는 AI 기능을 서비스하고 있는 영상 제작 사이트들이 콘텐츠 제작의 전 과정을 AI로 대신하기도 합니다. 대표적으로 '소라', '베오 3', '클링'과 같은 영상 AI를 비롯해 음성 변환, 얼굴 애니메이션, 자동 자막 생성 기능을 갖춘 다양한 서비스가 대거 등장하고 있습니다. AI 영상 사이트를 이용하면 별도의 촬영 없이 장면을 만들고 직접 녹음 없이 내레이션을 추가할 수 있으며 편집 과정에서 자막, 표정, 얼굴 움직임 등을 자동으로 삽입할 수 있습니다. 즉, 한 사람의 기획과 대본 작성만으로도 완성도 높은 영상을 제작할 수 있게 된 것입니다.

AI 영상 제작 사이트를 잘 조합하면 'AI 스튜디오' 수준의 영상 제작 환경을 구축할 수 있습니다. 각각의 플랫폼 특징을 간단히 정리하면 다음과 같습니다.

플랫폼	특징	비용
소라(Open AI)	텍스트 입력만으로 현실적인 영상 생성 기능. 자연스러운 카메라 무빙 구현.	Starter, Professional, Enterprise의 세 가지 유료 플랜으로 나뉘며, Starter 기준 월 $12입니다.
베오 3 (google flow)	시네마틱 한 광고형 영상에 최적화. 스토리텔링 중심 연출에 강점.	Google의 유료 플랜을 이용해야 하며, Google AI Pro(1000 크레딧)는 월 29,000원, Google AI Ultra(25,000 크레딧)는 월 180,000원입니다.
클링	인물 동작 재현과 대사의 싱크가 뛰어나 실사 연기 영상 제작에 적합.	Basic, Pro, Max의 세 가지 유료 플랜으로 나뉘며, Basic 기준 월 $11.5입니다.
일레븐랩스, 타입캐스트	텍스트를 감정 있는 목소리로 변환해 내레이션 자동화.	일레븐랩스는 Starter 기준 월 $50이며, 타입캐스트는 Pro 기준 월 $45입니다.

● 스톡 영상과 이미지 결합

AI로 만든 장면 사이에 스톡 영상을 추가하면 훨씬 자연스러운 영상 편집이 가능합니다. 픽셀스(Pexels), 픽사베이(Pixabay) 등 무료 상업용 영상 사이트를 활용해 배경 컷이나 전환 장면을 추가하면 전체 영상의 완성도가 한층 높아집니다.

하지만 최근 AI 영상 기술의 눈부신 발전으로 외부 스톡 영상 없이 AI 영상만으로도 충분히 완성도 높은 고화질 콘텐츠를 제작할 수 있습니다.

▶ 화면 녹화 콘텐츠로 확장하기

AI 영상이 부담스럽다면 화면 녹화로도 훌륭한 콘텐츠를 제작할 수 있습니다. 거창한 촬영 장비 없이 내가 보고 있는 컴퓨터나 스마트폰 화면을 그대로 녹화해서 보여주는 방식입니다. 이러한 방식은 얼굴 노출 없는 채널에서 가장 현실적이고 강력한 무기가 되며 최적화된 주제는 다음과 같습니다.

- 발 빠른 정보 전달: 뉴스 기사나 커뮤니티 글을 화면에 띄워두고 요약해 주면, 시청자가 궁금해하는 최신 소식을 가장 빠르게 전달할 수 있습니다.
- 직관적인 사용법 강의: 엑셀, AI 도구, 스마트폰 설정법 등을 직접 클릭하며 보여주세요. 백 마디 말보다 한 번의 시연이 훨씬 강력한 해결책이 됩니다.
- 실물 없는 제품 분석: 물건이 없어도 쇼핑몰 상세 페이지를 보여주며 장·단점을 짚어주세요. 시청자의 구매 고민을 해결해 주는 유용한 가이드가 됩니다.

장비는 OBS, 반디캠(Bandicam), 퀵타임(QuickTime) 같은 무료 녹화 프로그램 하나면 충분합니다. 여기에 AI 보이스로 깔끔한 설명만 추가하면 누구나 전문가 못지않은 정보형 영상을 뚝딱 만들어낼 수 있습니다.

얼굴 노출 없이도 수익화할 수 있을까?

시청자들은 크리에이터의 얼굴보다 콘텐츠의 완성도, 전달력 그리고 주제에 반응하기 때문에 얼굴을 드러내지 않아도 신뢰와 수익을 함께 얻을 수 있습니다.

▶ 얼굴을 노출하지 않는 채널이 증가하는 이유

예전에는 얼굴을 보여줘야 시청자의 신뢰를 얻는다고 생각했지만, 지금은 오히려 비출연형 영상이 대세입니다. AI 내레이션, 이미지 합성, 립싱크, 스톡 영상 등 다양한 AI 도구의 출현으로 콘텐츠 제작의 초점이 '얼굴'에서 '메시지'로 이동했습니다. 많은 크리에이터가 얼굴 노출 없이도 조회수 100만 회를 달성하고 있으며, 정보, 리뷰, 교육, 스토리텔링 등 다양한 분야에서 비출연형 영상이 표준 포맷으로 자리 잡았습니다.

▶ 수익화의 현실적 구조

얼굴을 보여주지 않아도 수익화가 충분히 가능합니다. 핵심은 주제의 전문성과 콘텐츠의 신뢰도입니다. 유튜브의 수익화 조건[*]을 충족한다면 다음과 같은 다양한 수익 모델을 운영할 수 있습니다.

- 유튜브 파트너 광고 수익,
- 디지털 제품(전자책 · 강의 · 템플릿 등) 판매,
- 채널 멤버십 · 굿즈 판매,
- 브랜드 협찬 및 PPL 콘텐츠,
- AI 도구 · 서비스 제휴 수익,
- 슈퍼챗(Super Chat)

얼굴 노출 여부는 수익화의 본질적인 요건이 아닙니다. 시청자에게 가치를 제공하고 신뢰를 쌓는 구조가 훨씬 중요합니다.

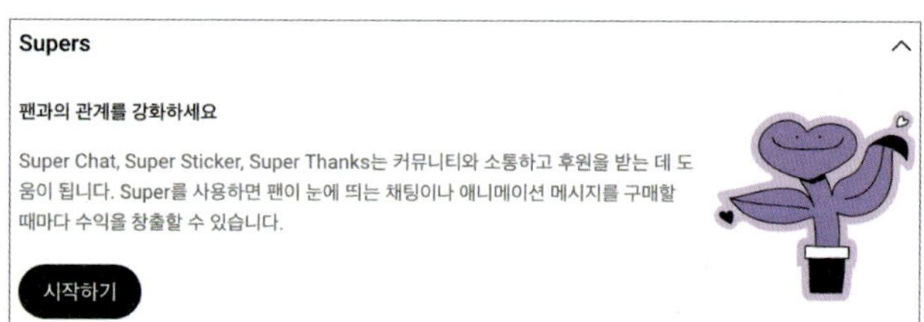

---

[*] 구독자 1,000명, 롱폼 시청 시간 4,000시간(지난 365일 기준) 또는 쇼츠 조회수 1,000만 회(지난 90일 기준)

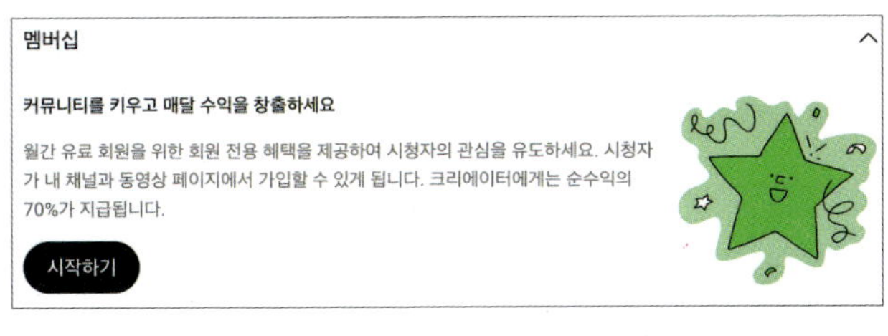

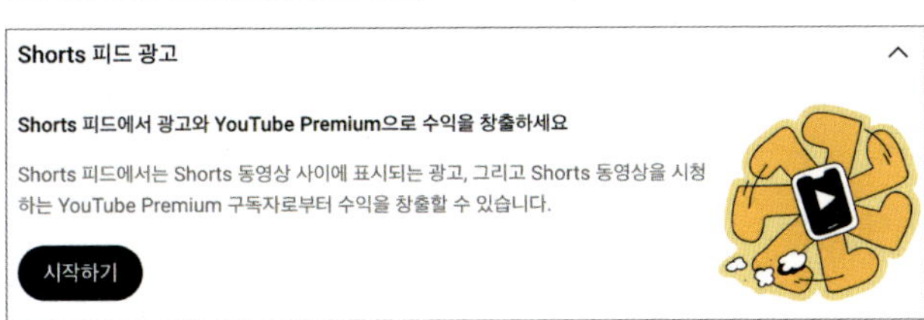

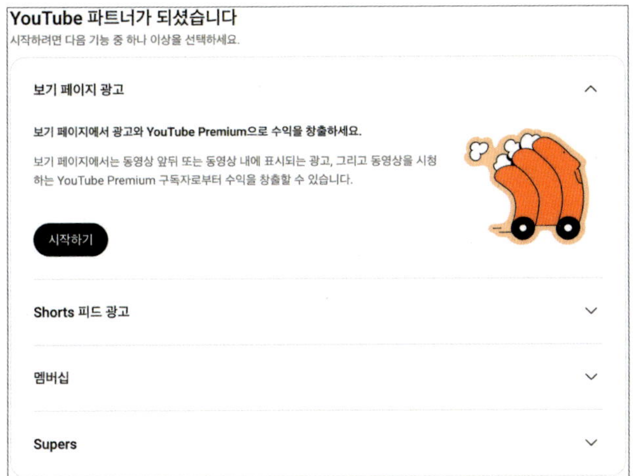

▲ 유튜브의 다양한 수익 모델 및 유튜브 스튜디오 수익 창출 화면

▶ 얼굴 노출 없는 채널 주의사항

❶ 저작권 문제

AI로 생성된 이미지나 음성, 스톡 영상이라도 상업적 이용이 가능한지 반드시 확인해야 합니다. 출처를 명시하지 않거나 라이선스를 위반하면 수익화가 중단될 수 있습니다.

단순 반복 영상이나 편집 없는 스톡 영상 모음은 유튜브에서 '재사용 콘텐츠'로 분류되어 수익화가 거절됩니다. 반드시 자막, 내레이션, 편집 등을 통해 콘텐츠의 창작 요소를 강화해 줘야 합니다.

영상에 얼굴이 등장하지 않을수록 자막, 내레이션, 장면 전환, BGM이 더욱 중요합니다. 시청자의 이해를 돕는 구성 미와 편집의 완성도가 얼굴을 대신합니다.

▶ 결론: 얼굴이 사라진 시대, 존재감은 더 커졌다

이제 유튜브의 성공은 '얼굴을 보여주는가'가 아니라 '얼마나 깊이 있는 이야기를 전하는가'로 결정됩니다. AI가 대중화된 지금, 얼굴 노출 없는 채널은 더 이상 예외적인 형태가 아니라 가장 효율적인 영상 제작 방식으로 자리 잡았습니다. 얼굴을 감추는 것이 아니라, 콘텐츠에 집중하게 만드는 새로운 전략인 셈입니다.

마무리

결국 얼굴 노출 여부는 유튜브 수익화의 결정적 기준이 아닙니다. 중요한 것은 어떤 메시지를 전달하고 그 메시지를 얼마나 신뢰할 수 있는 방식으로 반복 제공하느냐입니다. 얼굴을 드러내지 않더라도 주제의 전문성과 콘텐츠의 완성도를 꾸준히 쌓아간다면, 시청자는 채널 자체를 하나의 브랜드로 인식하게 됩니다. 비출연형 콘텐츠는 더 이상 예외적인 선택이 아니라 효율과 확장성을 모두 갖춘 현실적인 전략이라는 점을 기억해야 합니다.

쇼츠 VS 롱폼,
얼굴 노출 없는 채널에는
어떤 형식이 더 유리할까?

유튜브의 알고리즘은 영상의 길이, 비율 그리고 형식(쇼츠·롱폼)에 따라 다르게 작동합니다. 특히 얼굴 노출 없는 채널이라면 영상의 형식(쇼츠&롱폼)이 채널 성장 속도와 방향을 결정짓는 중요한 요소라 할 수 있습니다. **Lesson 07** 에서는 쇼츠와 롱폼의 구조적 차이를 비교하고 어떤 형식이 여러분의 콘텐츠 스타일에 더 유리한지 구체적으로 살펴보겠습니다.

1-1
쇼츠(Shorts)의 특징

 **세로형(9:16)·3분 이하 영상**

쇼츠는 앞에서 살펴봤던 것처럼 짧은 시간 안에 정보를 전달해야 하므로 자막, 텍스트, 음향, 편집 리듬으로 시청자의 시선을 붙잡는 것이 핵심입니다. 특히 유튜브의 쇼츠 전용 피드 알고리즘은 노출 범위가 상대적으로 넓어, 짧은 기간 안에 조회수와 구독자를 빠르게 확보하는 데 유리합니다.

◉ 채널 초기 성장에 최적화된 구조

영상 업로드 직후 추천 피드에 바로 노출되며 반응이 좋은 영상은 폭발적인 확산력을 가집니다. 다만 쇼츠는 콘텐츠 소비 속도가 빠르고 트렌드 변화에 민감해 유행을 빠르게 반영해야 지속적인 조회를 유지할 수 있습니다.

◉ AI 기반 운영에 최적화된 포맷

AI 보이스, 자막, 밈 스타일 편집 등 자동화된 제작 환경과의 궁합이 매우 좋습니다. 영상 길이가 짧아 제작 부담이 적고, 단순한 아이디어와 즉각적인 리액션 중심의 콘텐츠에 강점을 가집니다.

1-2

롱폼(Long-form)의 특징

◉ 가로형(16:9) · 3분 이상 영상

롱폼은 앞에서 살펴봤던 것처럼 5~20분 사이의 중 · 장편 콘텐츠로 정보 전달이나 스토리 전개에 유리한 형식입니다. 얼굴 노출 없이도 AI 내레이션, 슬라이드, 사례 분석 등을 조합해 충분히 완성도 높은 영상을 제작할 수 있습니다.

◉ 시청 시간 확보와 채널 신뢰도 상승효과

유튜브 알고리즘은 시청 지속 시간이 긴 채널의 신뢰도를 높게 평가합니다. 특히 롱폼 영상은 조회수보다 시청 시간을 중시하는 구조이기 때문에 광고 단가와 수익 효율이 높고 시청자가 몰입하면 이탈률도 낮아져 구독 전환율이 상승합니다.

◉ 브랜딩과 전문성 강화에 적합

교육, 분석, 튜토리얼 형태의 콘텐츠는 롱폼이 유리하며 굳이 얼굴을 보여주지 않아도 지식 및 정보 중심 콘텐츠로 전문적인 채널 이미지를 구축할 수 있습니다.

1-3
형식은 주제와 성향에 따라 달라집니다

◉ 트렌드형 주제(AI, 유머, 밈, 뉴스 요약 등)

트렌드 형 주제는 시청자의 빠른 반응과 즉각적인 몰입이 중요하므로 쇼츠 중심의 채널 운영에 효과적입니다.

◉ 정보 및 교육형 콘텐츠(튜토리얼, 사례 분석, 노하우 등)

정보 전달과 교육 중심의 콘텐츠는 자세한 설명과 구체적인 사례가 필요하므로 긴 호흡을 가지는 롱폼 중심의 채널 운영에 효과적입니다.

◉ 브랜드 및 스토리텔링형 콘텐츠

브랜드 홍보 및 스토리텔링 중심의 콘텐츠는 강렬한 쇼츠로 시청자에게 첫인상을 남기고 롱폼으로 신뢰를 쌓는 혼합형 채널 운영이 효과적입니다.

◉ 운영자 성향에 따른 구분

채널 운영자가 짧고 직관적인 아이디어 생성에 탁월한 능력이 있다면 쇼츠 운영이 유리하고 반대로 깊이 있는 구성과 분석에 강한 타입이라면 롱폼 운영에 유리합니다.

왜 두 형식을 병행해야 할까?

유튜브는 쇼츠와 롱폼의 알고리즘을 철저히 분리해서 운영합니다. 즉, 한쪽만 운영한다는 것은 내 채널이 노출될 수 있는 기회의 문을 스스로 절반이나 닫아 버리는 것과 같습니다. 특히 얼굴이나 캐릭터의 매력으로 승부할 수 없는 '얼굴 없는 채널'에게 이 두 가지 형식의 병행은 선택이 아니라 필수입니다. 각각의 역할이 완벽하게 다르기 때문입니다.

▶ 쇼츠의 역할

- 빠른 노출과 신규 구독자 유입 확보
- 첫인상과 트렌드 반응 테스트에 유리

▶ 롱폼의 역할

- 시청 시간 확보와 채널 신뢰도 구축
- 광고 단가(Revenue per Mille, RPM) 상승

▶ 수익화 조건 비교

쇼츠와 롱폼의 수익화 조건은 약간의 차이가 있는데 정리하면 다음과 같습니다.

- 쇼츠: 구독자 1,000명, 최근 90일 내 1,000만 조회수
- 롱폼: 구독자 1,000명, 누적 시청 시간 4,000 시간 달성

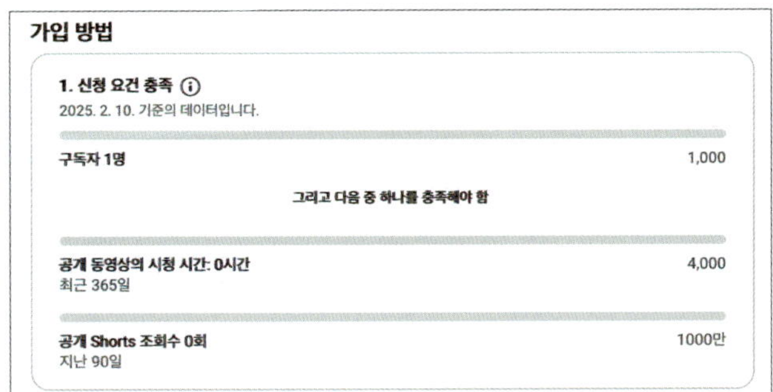

가입 방법

1. 신청 요건 충족 ⓘ
2025. 2. 10. 기준의 데이터입니다.

구독자 1명	1,000

그리고 다음 중 하나를 충족해야 함

공개 동영상의 시청 시간: 0시간 최근 365일	4,000
공개 Shorts 조회수 0회 지난 90일	1000만

결국 가장 이상적인 성장 공식은 쇼츠를 통해 신규 유입을 만들고, 롱폼으로 시청자가 자연스럽게 머무르도록 설계하는 데 있습니다. 쇼츠라는 가벼운 입구로 진입 장벽을 낮춘 뒤, 롱폼이라는 탄탄한 콘텐츠로 시청 시간을 확보하는 이 구조는 알고리즘 측면은 물론 브랜딩 관점에서도 얼굴 노출 없는 채널이 가장 빠르게 성장할 수 있는 효과적인 전략입니다. 정리하면 다음과 같습니다.

플랫폼	형식	길이	강점	적합한 운영자 성향
쇼츠(Shorts)	세로형(9:16)	3분 이내	빠른 노출, 트렌드 반응, 높은 유입력	아이디어 · 속도 중심형 크리에이터
롱폼 (Long-form)	가로형(16:9)	3분 이상 (보통 5~20분)	긴 호흡의 정보 전달 콘텐츠, 시청 시간 확보	분석형 · 스토리텔링 중심형 크리에이터

마무리

쇼츠는 빠른 노출, 롱폼은 신뢰와 수익을 가져옵니다. 두 형식의 강점을 조합하면 시청자는 쇼츠로 유입되어 롱폼으로 머무르고 유튜브 알고리즘은 이 과정을 '시청자 만족도가 높은 채널'로 인식합니다. 즉, 쇼츠는 채널의 입구, 롱폼은 채널의 핵심 콘텐츠입니다. 크리에이터가 얼굴을 노출하지 않는 채널일수록 이 구조를 체계적으로 설계해야 단기 노출과 장기 수익을 모두 잡을 수 있습니다.

유튜브 수익화, 어디까지 가능할까?
:구독자 0명도 수익 창출 가능

유튜브는 이제 '광고 수익만으로 먹고사는 플랫폼'이 아닙니다. 지금은 구독자 수가 많지 않더라도 콘텐츠 성격에 맞는 다양한 수익 구조를 설계할 수 있습니다. **Lesson 08** 에서는 유튜브 광고 수익, 브랜드 협찬, 후원, 음원 로열티, 제휴 마케팅, 쇼핑 기능까지 '구독자 0명에서도 시작 가능한 수익화 전략'을 단계별로 살펴보겠습니다.

1-1
유튜브 파트너 프로그램(YPP)
:광고 수익의 기본 구조

유튜브 파트너 프로그램(YPP)은 광고 수익을 포함한 슈퍼챗, 멤버십, 쇼핑 등 다양한 방법으로 채널의 수익 창출을 돕는 제도입니다. 가입 조건의 일정 부분을 충족하면 신청할 수 있으며 최근 정책이 변경되어 구독자 500명도 일부 수익화 기능을 사용할 수 있게 되었습니다. 유튜브 수익화 단계는 크게 두 가지로 나뉘며 다음과 같습니다.

▶ 1단계(초기 접근: 후원 및 쇼핑 기능)

구독자가 500명만 넘어도 팬들의 후원을 받을 수 있는 길이 열립니다. 조회수 수익은 아직 나오지 않지만, 팬덤이 있다면 후원과 상품 판매로 먼저 수익을 낼 수 있습니다.

- 조건: 구독자 500명, 최근 90일 내 영상 3개 업로드, 최근 12개월 시청 시간 3,000 시간(또는 최근 90일 쇼츠 조회수 300만 뷰)
- 수익: 멤버십, 슈퍼챗(Super Chat), 슈퍼스티커, 유튜브 쇼핑(자사 제품 태그)

▶ 2단계(완전한 수익화: 조회수 광고 수익)

우리가 흔히 아는 '조회수당 정산'이 시작되는 단계입니다. 해당 단계의 수익 조건을 달성하면 영상이 재생될 때마다 자동으로 광고 수익이 정산됩니다.

- 조건: 구독자 1,000명, 최근 12개월 시청 시간 4,000시간(또는 최근 90일 쇼츠 조회수 1,000만 뷰)
- 수익: 1단계 수익 포함, 영상 조회수 광고 수익(Watch Page Ads), 쇼츠 피드 광고 수익, 유튜브 프리미엄 수익

1 · 보기 페이지 광고(Video Watch Page Ads)

보기 페이지 광고는 우리가 흔히 마주치는 일반 유튜브 광고로 유튜브 영상의 시작, 중간, 끝에 자동 삽입되는 광고입니다.

▶ 광고 전략

보기 페이지 광고 전략은 다음과 같습니다. 제목, 설명, 태그를 SEO로 최적화해야 광고 단가가 높은 주제와 잘 매칭될 수 있습니다. 다음, 시청자 지속 시간이 길고 이탈률이 낮은 영상일수록 유튜브가 더 많은 광고를 붙여줍니다. 마지막 썸네일 클릭률이 높을수록 전체 노출이 증가해 수익도 함께 오릅니다.

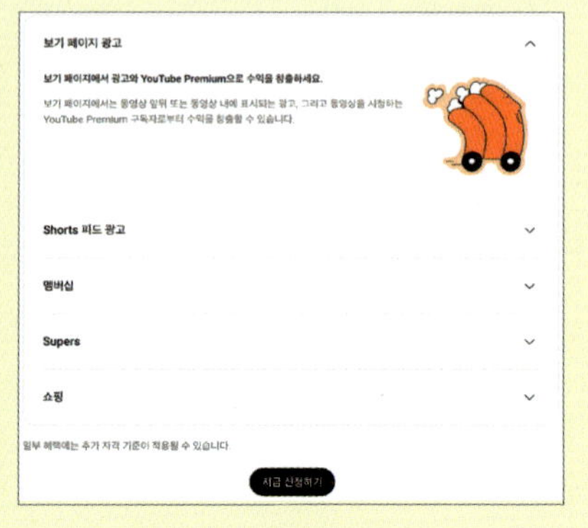

▶ 광고 조건

유튜브 파트너 프로그램(YPP)에 가입되어 있어야 하며, 구독자 1,000명 이상, 최근 12개월 동안 공개 영상 시청 시간 4,000시간 이상이어야 합니다.

▶ 광고 수익 구조

영상에 표시된 광고는 1,000회 노출 기준으로 수익이 발생합니다. 이를 CPM[*]이라고 합니다. 일반적으로 국내 기준 1,000회의 광고 노출 당 수백 원에서 수천 원 수준으로 형성됩니다. 예를 들어 월 10만 조회수를 기록한 영상은 조건에 따라 수만 원에서 수십만 원까지 수익이 발생할 수 있습니다.

▲ 유튜브 스튜디오 수익 화면

---

[*] Cost Per Mille 줄임말로 1,000회 노출당 단가를 의미합니다.

세로형 짧은 영상(3분 이하)에 붙는 광고입니다. 틱톡처럼 연속 재생되는 쇼츠 피드 사이에 광고가 추가되는 방식입니다.

▶ 광고 전략

쇼츠 피드 광고 전략은 다음과 같습니다. 시청자가 스크롤을 멈출 만큼의 강렬한 영상(초반 2초 후킹)이 필요합니다. 다음 유행하는 밈, 트렌드, 짧은 대사 등을 반영해야 알고리즘 노출이 높습니다. 마지막 시청자 댓글 참여 또는 공유 유도가 잘 되면 추천 빈도가 올라가면서 수익도 증가합니다.

▶ 광고 조건

유튜브 파트너 프로그램(YPP)에 가입되어 있어야 하며, 최근 90일간 쇼츠 조회수 1,000만 회 이상 또는 일반 영상 기준(구독자 1,000명, 4,000시간) 조건이 충족되어야 합니다.

▶ 광고 수익 구조

과거의 '쇼츠 펀드' 방식은 종료되었고 현재는 광고 수익 공유 모델(Revenue Sharing)이 적용됩니다. 여전히 롱폼에 비해 단가가 낮은 편이지만(평균 1 조회당 0.1원~0.3원 내외), 롱폼보다 폭발적인 조회수를 얻기 쉽기 때문에 '박리다매' 전략으로 접근해야 합니다. 쇼츠의 평균 수익 단가(RPM)는 낮아도 노출 속도가 빠르고 조회수 규모가 커지기 쉬워 대량 노출 전략에 적합합니다.

> **Tip** 쇼츠는 단일 영상 수익보다 여러 영상이 동시에 조회수를 만드는 포트폴리오형 수익 구조로 접근해야 안정적입니다.

유튜브 멤버십은 일종의 '월 구독형 후원 시스템'입니다. 시청자가 매달 일정 금액을 결제하고 그 대가로 특별한 혜택을 받는 구조입니다. 쉽게 말해 '유튜브 내의 채널 팬클럽'이라고 할 수 있습니다.

▶ 멤버십 전략

멤버십 전략은 다음과 같습니다. 단순히 후원받는 것이 아니라 구독자가 '이 멤버십은 가치가 있다'라고 느껴야 합니다. 예를 들어 멤버 전용 영상, 실시간 방송, 이모티콘, 이름 옆 배지 등을 제공합니다. 마지막 [커뮤니티] 탭을 적극 활용해 '멤버 전용 게시글'을 올리면 결속감이 생깁니다.

▶ 멤버십 조건

유튜브 파트너 프로그램(YPP)에 가입되어 있어야 하며, 멤버십 기능 사용 승인을 받아야 합니다.

▶ 멤버십 수익 구조

월 4,990원 멤버십 기준으로 100명이 가입하면 약 40만~50만 원의 순수익이 발생합니다.[*]

> **Tip** 멤버십은 단기간 수익보다 채널 충성도와 커뮤니티 유지력을 높이는 효과가 큽니다. 특히 얼굴 노출 없는 채널이라도 콘텐츠 주제에 진심인 시청자들이 모이면 멤버십 수익이 광고 수익을 넘어서는 경우도 많습니다.

---

[*] 유튜브 수수료를 제외한 금액 기준입니다.

4 · 슈퍼챗(Super Chat) & 슈퍼스티커(Super Stickers)

라이브 방송 중 시청자가 유료 메시지를 보내는 기능입니다. 보낸 메시지는 일정 시간 동안 채팅창 상단에 고정되어 강조 표시되며 라이브 방송 중 실시간 소통과 후원이 동시에 이루어지는 구조입니다.

▶ 슈퍼챗 & 슈퍼스티커 전략

슈퍼챗 전략은 다음과 같습니다. 방송 중 특정 구간에 '슈퍼챗 이벤트'를 진행하면 시청자 참여율이 높아집니다. 채팅에 반응하는 즉각적인 피드백이 시청자 만족도를 높이고 다음 방송 후원으로 이어질 확률이 높습니다.

▶ 슈퍼챗 & 슈퍼스티커 수익 구조

인기 채널의 경우 라이브 1회당 수십만 원에서 수백만 원의 슈퍼챗 수익이 발생하기도 합니다. 규모가 작은 채널이라도 시청자와 꾸준히 소통하면 지속적인 소액 후원으로 이어져 안정적인 수익 파이프라인을 만들 수 있습니다(단, 결제 수수료가 제외된 후 정산됩니다).

5 · 브랜드 협찬(스폰서십, Sponsorship)

유튜브 채널이 일정 수준 이상 성장하면 기업이나 브랜드에서 직접 협찬 및 광고 제안이 들어오기 시작합니다. 해당 단계부터는 단순 광고 수익보다 브랜드 협업 수익이 더 커지는 시점입니다.

▶ 브랜드 협찬이란?

브랜드 협찬은 기업에서 자사 제품이나 서비스를 홍보하기 위해 크리에이터에게 영상 제작 의뢰 또는 광고비 지급을 진행하는 형태를 말합니다. 즉, '영상 내의 자연스러운 PPL'입니다. 예를 들어 IT 채널이라면 AI 도구 협찬이 오고, 여행 채널이라면 숙소나 항공사 제휴가 오는 식입니다.

▶ 협찬의 주요 형태

협찬의 주요 형태는 크게 세 가지이며 정리하면 다음과 같습니다.

❶ PPL(Product Placement)
- 영상 내에서 제품이 자연스럽게 등장하거나 사용되는 방식입니다.
- 시청자 경험을 해치지 않으면서 자연스러운 브랜드 노출 효과를 얻을 수 있습니다.

❷ 전용 광고 영상(브랜드 전담 콘텐츠)
- 브랜드가 요청한 내용을 중심으로 별도의 영상을 제작하는 방식입니다.
- 영상 전반이 광고 목적이기 때문에 '유료 광고 포함' 표기가 필수입니다.

❸ 협업 콘텐츠(Co-Branded Content)
- 크리에이터의 기존 콘텐츠 스타일에 브랜드 메시지를 녹이는 방식입니다.

  예 'AI 영상 도구 TOP3 소개' 안에 특정 브랜드를 자연스럽게 포함

▶ 효과적인 협찬 전략

효과적인 협찬 전략은 다음과 같습니다. 먼저 채널 주제와 브랜드의 연결성이 매우 중요합니다. 예를 들어 'AI 콘텐츠 채널'이 뷰티 제품을 광고하면 신뢰도가 확 떨어집니다. 다음 영상 초반 5초에 브랜드 노출을 하기보다 콘텐츠 흐름 속 자연스럽게 제품을 등장시켜야 시청자의 몰입이 유지됩니다. 마지막 협찬은 단발성보다 지속적 파트너십 형태로 발전해야 안정적인 수익 구조가 만들어집니다.

▶ 협찬 진행 시 주의할 점

❶ 유료 광고 표기

영상 업로드 시 화면의 상단 또는 하단에 반드시 '유료 광고 포함' 부분을 체크해야 정책 위반을 피할 수 있습니다.

❷ 무분별한 브랜드 협찬 요청 수락 금지

주제와 맞지 않는 협찬을 반복하면 채널의 신뢰도가 떨어지고 유튜브 알고리즘이 '광고성 콘텐츠'로 분류할 위험이 있습니다.

❸ 시청자 경험 유지

광고가 중심이 되면 시청자 이탈률이 급격히 증가하므로 콘텐츠 본질(정보, 재미, 감동)이 흐려지지 않게 조정해야 합니다.

▶ 협찬 수익 구조

협찬 수익 구조는 채널 규모에 따라 달라지며, 다음과 같이 정리할 수 있습니다.

❶ 소규모 채널(구독자 1~3만 명)

구독자 1~3만 명의 소규모 채널은 1회 협찬당 약 10만~50만 원의 수익을 창출합니다.

❷ 중형 채널(구독자 5~10만 명)

구독자 5~10만 명의 중형 채널은 브랜드 전용 영상 기준으로 약 100만~300만 원 이상의 수익을 창출합니다.

❸ 대형 채널(구독자 30만 명 이상)

구독자 30만 명 이상의 대형 채널은 단일 협찬 영상으로만 약 500만~1,000만 원 이상의 수익 창출이 가능합니다.

> **Tip** 광고 단가(CPM)는 카테고리에 따라 차이가 있습니다. 금융, IT, 교육, 건강, 비즈니스 분야는 단가가 높고, 일상 브이로그, 예능형은 상대적으로 낮습니다. 즉, '채널의 주제'가 곧 광고주가 지불할 의향(CPM/RPM)을 결정한다는 것 참고해 주세요.

음원 수익: 구독자 0명이어도 가능한 구조

유튜브는 영상뿐만 아니라 음원 자체로도 수익을 창출할 수 있습니다. 유튜브 오디오 라이브러리나 플랫폼에 등록된 음원을 활용해 콘텐츠를 제작하면 별도의 음악 제작 경험이 없어도 영상 노출과 함께 음원 기반 수익 흐름에 참여할 수 있습니다. 또한, 직접 작곡한 음악을 음원 유통사에 등록하면 유튜브뿐만 아니라 스포티파이, 유튜브 뮤직, 틱톡 등 다양한 플랫폼에서 음악이 재생될 때마다 스트리밍 및 저작권 수익을 얻는 것도 가능합니다.

정리해 보면 콘텐츠 제작자이면서 동시에 음원 소유자로 수익을 만드는 구조입니다. 다만, 음원 수익은 유튜브 정책과 광고 시장 상황에 따라 정산 단가의 변동 폭이 큰 편으로 특히 쇼츠 활성화를 위해 음원 사용을 장려하던 시기에는 상대적으로 유리한 정산 구조가 형성되었으나, 최근 광고 수익 분배 구조조정과 함께 단가가 낮아지는 흐름을 보여, 음원 수익은 단기적인 고정 수입원보다는 쇼츠 확산과 콘텐츠 노출을 보조하며 장기적으로 누적되는 자산형 수익 모델로 접근하는 것이 현실적인 전략입니다.

▶ 음원 유통사를 통한 수익 구조

음원을 직접 배포하지 않아도 음원 유통사(파트너사)를 통해 자동으로 수익을 받을 수 있습니다. 내가 만든 음악이 유튜브, 인스타, 스포티파이, 틱톡 등에 등록되고 다른 사용자가 재생할 때마다 수익이 발생됩니다.

❶ 짤 스튜디오(Zzal Studio)

국내 유튜버들이 가장 많이 사용하는 음원 유통 플랫폼입니다. 유튜브, 인스타그램, 틱톡 등 다중 플랫폼 연동이 가능하며 조회, 스트리밍 수익을 자동으로 정산해 줍니다(현재 쇼츠 음원 수익의 단가는 점차 낮아지고 있는 추세입니다).

영상 대신 음악을 콘텐츠 자산으로 등록하는 개념으로 구독자가 '0'명이라도 음원은 재생만
되면 수익이 발생합니다.

▶ 직접 제작한 음악으로 수익 창출

직접 만든 BGM, 효과음, 짧은 로고송도 모두 수익화가 가능합니다. AI 작곡
도구(예 수노, 유디오, Mubert, Soundful)를 활용하면 가사, 멜로디, 보컬을 자동
으로 만들어줘 전문 지식이 없어도 곡 작업이 가능합니다. 이렇게 제작한 음원
을 유통 플랫폼(예 DistroKid, Tunecore, 짤 스튜디오)을 통해 멜론, 스포티파이,
유튜브 뮤직 등에 등록하면 자동으로 스트리밍 로열티가 쌓입니다.

▶ 음원 활용 예시

앞서 설명한 음원의 수익 창출 경로를 예시로 정리해 보겠습니다. 예를 들어
AI 작곡 프로그램 '수노'를 이용해 음악을 만든 후 유통사 'DistroKid'에 등록
하면 유통사에서 음원 플랫폼(유튜브 뮤직, 스포티파이, 틱톡)에 등록을 진행하고
음악이 재생되면 스트리밍 1,000회 기준 약 4~7원의 수익이 발생하게 됩니다.

> **Tip** 노래 제목과 썸네일을 감성적으로 제작하면, AI로 만든 음악이라도 시청자는 '진짜 아
> 티스트의 곡'처럼 받아들입니다.

음원을 유통사에 등록하면 자동으로 콘텐츠 ID가 생성되는데 이 콘텐츠 ID는 내가 만든 음악이 다른 사람의 영상에 사용될 때 영상의 광고 수익 일부를 내 계정으로 배분 받을 수 있도록 도와줍니다.

> **Tip** 콘텐츠 ID를 사용하려면 음원의 저작권이 100% 본인 소유여야 합니다. 다른 음악을 샘플링 했거나 AI로 만든 음원에 기존 저작물이 포함되어 있다면, 등록이 거절되거나 수익이 정지될 수 있습니다.

▶ 음원 수익 주의할 점

❶ 저작권 관리 필수

- 샘플, 리믹스, 커버 곡은 원저작자의 허락 없이 등록할 수 없습니다.
- AI 작곡 도구 사용 시에도 '상업적 사용 가능' 여부를 반드시 확인해야 합니다.

❷ 시장성 확보

- BGM이나 짧은 효과음은 조회 대비 수익이 낮으므로 노래 중심 콘텐츠(보컬 곡)로 제작하는 편이 유리합니다.

❸ 여러 플랫폼 병행

- 유튜브 외에도 스포티파이, 틱톡, 인스타 릴스 등 다양한 플랫폼에 동시에 배포해야 수익이 극대화됩니다.

쿠팡 파트너스를 통한 수익화

유튜브는 이제 영상 광고 외에도 '제휴 마케팅(Affiliate Marketing)'과 '쇼핑 기능(YouTube Shopping)'으로 제품 판매 기반의 수익 창출 구조로 발전했습니다. 즉, 영상을 보는 것만으로 끝나는 게 아니라 시청자가 '영상 속 제품'을 바로 구매할 수 있는 구조가 완성된 것입니다.

◉ 쿠팡 파트너스란?

쿠팡 파트너스는 쿠팡이 운영하는 공식 제휴 마케팅 프로그램입니다. 크리에이터가 자신이 소개한 상품의 링크를 영상 설명란에 삽입하고 그 링크를 통해 구매가 이루어지면 판매 금액의 일부가 수익으로 지급됩니다. 즉, 내 채널에서 상품을 직접 팔지 않아도 '시청자의 구매 행동'이 곧 나의 수익이 되는 구조입니다.

▲ 쿠팡 파트너스 메인 홈페이지 화면

◉ 쿠팡 파트너스 활용 방법

❶ 쿠팡 파트너스 가입

쿠팡 파트너스 공식 사이트*에 접속해 회원가입한 후 검색란에 상품의 이름 또는 키워드를 입력해 검색합니다. 검색 결과 화면이 나타나면 원하는 상품을 클릭한 후 [링크 생성] 버튼을 클릭합니다.

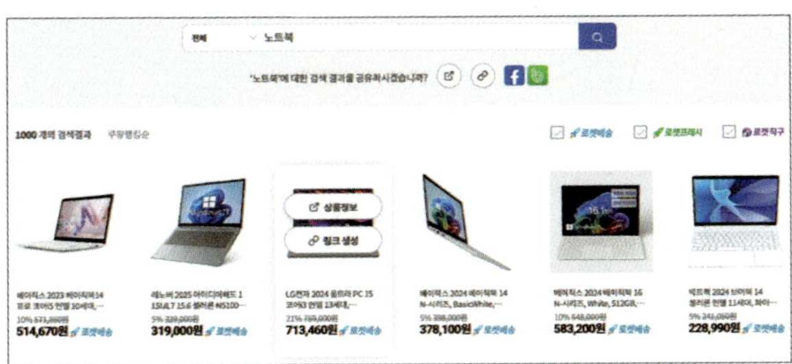

* https://partners.coupang.com

❷ 영상에 링크 삽입

유튜브 채널로 다시 돌아가 상품 링크를 추가하고 싶은 영상을 선택한 후 영상의 설명란, 고정 댓글, 또는 커뮤니티에 다음과 같이 링크를 첨부합니다.

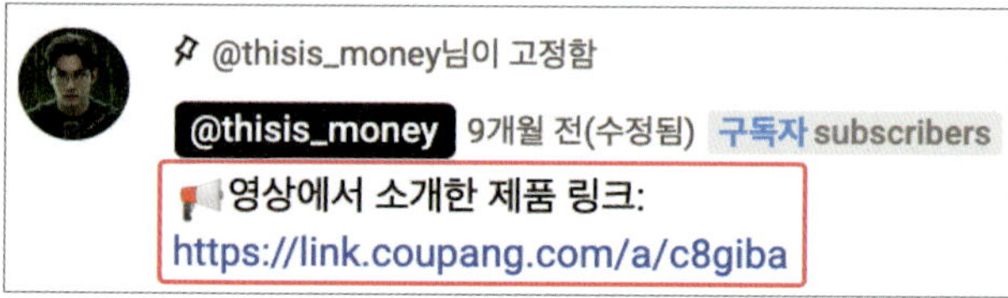

❸ 구매 발생 시 수익 지급

시청자가 링크를 클릭해 24시간 내에 상품 구매를 완료하면 상품 가격의 평균 3~7%가 수수료로 지급됩니다.

> **Tip** 링크를 클릭한 사용자가 다른 상품을 구매해도 모든 구매 내역이 커미션에 포함됩니다. 즉, 내가 추천한 제품이 아니더라도 수익이 발생할 수 있습니다.

▶ 쿠팡 파트너스 장·단점

❶ 장점

- 별도의 재고 관리 및 배송이 필요 없으며, 누구나 간단히 시작할 수 있는 구조입니다.
- 리뷰, 언박싱, 추천 쇼츠 등 다양한 콘텐츠에 적용할 수 있습니다.

❷ 단점

- 시청자가 실제로 구매해야 수익이 발생하므로 클릭 대비 수익률이 낮을 수 있습니다.
- 제품을 과도하게 노출하면 채널이 '광고 채널'로 인식되어 시청자 신뢰가 하락할 수 있습니다.

유튜브 쇼핑 기능을 통한 수익화

유튜브 쇼핑 기능은 유튜브에서 직접 상품을 태그 하거나 판매할 수 있는 기능입니다. 쿠팡 파트너스보다 한 단계 발전된 형태로 시청자가 영상 속에서 바로 제품을 클릭하고 구매할 수 있습니다.

1 · 유튜브 쇼핑 사용 조건 및 활용 방법

▶ 사용 조건

유튜브 쇼핑 기능을 사용하려면 우선 유튜브 파트너 프로그램(YPP)에 가입해야 합니다. 이후 구독자 수에 따라 알맞은 방법을 선택해 유튜브 쇼핑 기능을 사용할 수 있습니다.

- 내 상품 판매(자사몰): 구독자 500명부터 가능(카페24, 쇼피파이 등 연동)
- 타사 제품 태그(제휴 프로그램): 구독자 10,000명부터 가능(쿠팡 등 제휴사 제품 태그)

▶ 활용 방법

유튜브 쇼핑의 활용 방법은 다음과 같습니다. 영상 또는 라이브 방송 중 제품을 소개하면서 쇼핑 태그(상품 아이콘)를 화면에 표시하면 제품 구매를 원하는 시청자는 영상 시청 중 바로 상품을 클릭해 구매 페이지로 이동할 수 있습니다.

▶ 수익 구조

쇼핑 태그 클릭 후 구매가 이루어지면 제휴사(예 쿠팡, 아마존 등)로부터 최소 6.7%에서 최대 10% 이상의 수수료를 지급받습니다(태그한 제품 외에 시청자가 추가로 구매한 상품도 24시간 이내라면 동일하게 수수료가 적용됩니다).

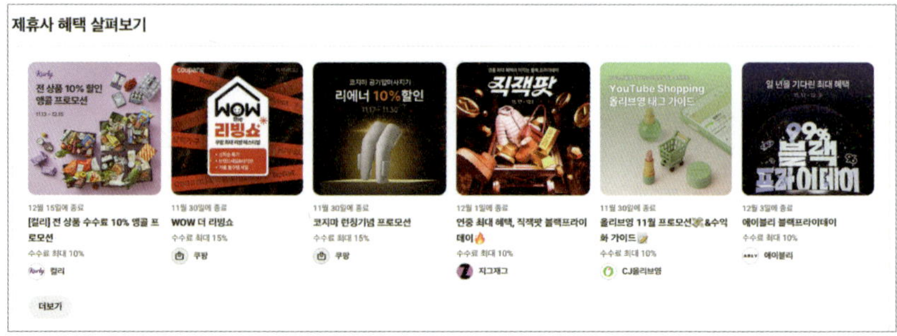

 직접 상품을 검색해 원하는 상품을 태그할 수 있으며, 링크를 통해 구입된 상품에도 최소 6.7% 이상의 수수료를 지급해 줍니다(24시간 이내).

항목	쿠팡 파트너스	유튜브 쇼핑
기본 개념	쿠팡 상품을 링크로 공유하고, 구매 발생 시 수수료를 받는 제휴 프로그램	유튜브 채널 내에서 상품을 직접 판매하거나 제휴를 통해 수익 창출
활용 플랫폼	블로그, 인스타그램, 유튜브 등 다양한 플랫폼에서 활용 가능	유튜브 채널의 동영상, 쇼츠, 라이브 스트리밍 등에서 활용 가능
연결 방식	외부 링크(설명란, 댓글 등)를 통해 쿠팡 상품 페이지로 이동	유튜브 내에서 상품을 직접 표시하고, 클릭 시 상세 정보 제공 및 구매 유도
수익 구조	상품 판매 시 카테고리에 따라 평균 3%의 수수료 지급	판매된 상품의 가격에 따라 평균 6.7%의 수수료 지급
수익 지급	쿠팡에서 월 단위로 정산 후 현금 지급	제휴사에서 직접 정산 또는 유튜브 쇼핑 제휴를 통해 Google(애드센스)로 합산 정산
진입 장벽	낮음(쿠팡 파트너스 승인만 받으면 누구나 가능)	비교적 높음(유튜브 쇼핑 기능 활성화 조건 충족 필요)
활용 전략	인기 제품 리뷰, 쇼츠 후기, 설명란 링크 삽입 등 다양한 방식으로 수익 창출 가능	브랜드 제품 판매, 자체 제작 상품 판매, 쇼핑 채널 운영 등 유튜브 콘텐츠와 연계하여 수익 창출 가능
장점	간단한 구조, 다양한 플랫폼에서 활용 가능, 승인 절차가 비교적 쉬움	유튜브 영상 내 직접 노출로 전환율이 높으며, 콘텐츠와 쇼핑 기능의 연동이 용이함
단점	외부 링크를 통한 전환이므로 전환율이 낮을 수 있으며, 쿠팡 외의 제품은 홍보가 불가함	진입 장벽이 높고, 연동 가능한 파트너나 제품군에 제한이 있을 수 있음

정리해 보면 쿠팡 파트너스는 누구나 쉽게 시작할 수 있는 입문형 제휴 수익 구조 유튜브 쇼핑은 브랜드와 직접 연결되는 고급형 수익 구조입니다. 두 기능을 함께 활용하면 하나는 영상 바깥(링크), 하나는 영상 내(태그)에서 '이중 수익 구조'를 완성할 수 있습니다.

피해야 할 수익화 함정

유튜브 수익화는 기회가 다양한 만큼 정책 위반 리스크도 존재합니다. 특히 초보 크리에이터들이 자주 범하는 실수로 인해 수익이 정지되거나, 채널 자체가 삭제되는 경우도 있습니다. 다음은 반드시 숙지해야 할 수익화 실패의 주요 원인을 정리했습니다.

1 · 무단 도용 및 저작권 위반

가장 빈번한 수익화 거절 사유입니다. 다른 채널의 영상, 음악, 이미지를 허락 없이 사용하면 유튜브는 즉시 저작권 침해(Strike)로 간주합니다.

▶ 주의할 점

배경음악은 반드시 무료 라이선스 또는 상업적 사용이 가능한 음원을 사용해야 합니다. AI로 생성한 이미지나 음성이라도 원본 저작물의 변형이라면 저작권 위반으로 간주될 수 있습니다. 저작권 신고가 3회 누적되면 채널은 영구 정지됩니다.

> **Tip** 저작권 걱정 없는 음원을 찾으려면 유튜브 스튜디오 내 '오디오 라이브러리'를 가장 먼저 활용하세요. 부득이하게 외부 사이트(픽사베이, 빈사운드 등)를 이용할 때는 반드시 '상업적 이용 가능(Commercial Use)' 여부를 확인해야 합니다. 또는 AI 작곡 도구(수노, 유디오 등)를 활용해 나의 영상 분위기에 딱 맞는 BGM을 직접 생성해 사용하는 것도 저작권 걱정을 더는 좋은 방법입니다.

유튜브는 단순 편집, 짜깁기, 자막만 추가한 영상들을 '재사용 콘텐츠'로 분류합니다. 이 경우 구독자나 조회수가 아무리 많아도 수익화 승인이 거절됩니다. 대표적인 재사용 콘텐츠 사례는 다음과 같습니다. 뉴스 클립을 간단히 편집한 영상, 스톡 영상과 내레이션만 반복되는 영상, 원본 영상과 구조는 똑같은데 자막만 다르게 넣은 영상, 드라마·영화 예능 등 방송 영상을 단순히 짜깁기한 영상.

▶ 재사용 콘텐츠 해결 방법

❶ 나만의 목소리 입히기

단순히 영상을 합치지 말고 내 목소리로 해설을 추가하거나 감상평(리액션)을 꼭 추가해 '완전히 새로운 영상'으로 만드세요.

❷ '설명'이 메인이 되도록 하기

영상의 주인공이 '원본 화면'이 아니라 '나의 설명'이 되어야 합니다. 시청자가 영상을 보고 무언가 배워갈 수 있도록(교육적 가치) 내용을 재구성하세요.

❸ 직접 등장하기

얼굴이 나오거나 내 진짜 목소리를 사용하는 것이 가장 안전합니다. '이 영상은 내가 기획하고 만들었다'라는 표시가 확실히 있어야 합니다.

광고만 강조하거나 실제 내용과 다른 과장된 제목을 사용하면 유튜브 알고리즘은 즉시 노출을 제한합니다.

영상 시작 직후부터 광고 멘트가 등장하면 시청자는 즉시 이탈합니다. 이는 시청 지속 시간(Retention) 급락으로 이어져 채널 성장을 망치게 됩니다. 정보와 광고의 비율은 '정보 8 : 홍보 2' 정도가 가장 이상적입니다. 시청자가 영상에서 충분한 가치(정보)를 얻어야 광고도 거부감 없이 받아들입니다.

그리고 무엇보다 광고 제품이 콘텐츠의 주제와 자연스럽게 어울려야 합니다. 영상의 맥락과 동떨어진 제품은 '방해 요소'로 느껴지지만, 내용과 실질적으로 연관된 제품 소개는 시청자에게 '유용한 정보'로 인식되어 거부감은 줄고 홍보 효과는 극대화됩니다. 썸네일과 제목은 반드시 영상의 본질적인 내용과 일치해야 합니다.

'하루 10만 원 버는 비법 공개!'
→ 실제 영상은 비법 없이 제휴 링크만 추가해 홍보('싫어요' 급증 및 신고 위험성 높음)

'초보자도 가능한 수익화 파이프라인 구조'
→ 실질적인 노하우를 알려준 뒤 필요한 도구를 자연스럽게 소개(채널 신뢰 형성 후 구매 전환율 높음)

4 · AI 콘텐츠 남용

AI 도구를 활용해 영상을 만드는 것은 좋지만 프로그램으로 찍어낸 듯한 기계적인 대량 생산 영상은 수익화 대상에서 즉시 제외됩니다. 유튜브는 AI 기술 자체를 금지하는 것이 아니라 시청자에게 가치를 주지 않는 성의 없는 콘텐츠를 제재합니다. 즉, AI가 만들었더라도 반드시 인간의 기획, 해설, 편집이 포함되어야 합니다.

▶ AI 허용 방식

유튜브에서 허용하는 영상의 범위는 다음과 같습니다. AI가 생성한 영상 소스에 크리에이터가 직접 작성한 대본과 내레이션이 반영되어야 하고, AI 생성 이미지나 음성을 활용하되 독창적인 스토리텔링이 추가되거나 재편집이 집행되어야 합니다. 마지막 AI 도구를 보조 도구(배경 생성, 아이디어 초안)로만 활용하고 최종 편집은 직접 진행해야 합니다.

▶ AI 금지 방식

유튜브에서 금지하는 AI 영상의 범위는 다음과 같습니다. 템플릿을 사용해 사진이나 텍스트만 바꿔 수십 개씩 대량 업로드하는 행위, AI 합성 음성(TTS)이 위키백과 또는 뉴스 기사를 단순히 읽어주기만 하는 영상 그리고 큐레이션 없이 AI가 자동으로 생성한 이미지를 슬라이드 쇼 형태로 나열한 영상을 포함합니다.

> **Tip** 최근 'AI 생성물 표시 의무' 정책 변경으로 실제 콘텐츠를 AI로 생성하거나 변형했을 경우 콘텐츠에 반드시 '변경되거나 합성된 콘텐츠'임을 표시해야 합니다. 이를 위반할 경우 콘텐츠 삭제 또는 수익 창출 정지 등의 불이익을 받을 수 있습니다.

5 · 잘못된 수익 기대 구조

수익화 조건을 충족하지 못한 상태에서 '광고가 자동으로 붙으면 채널에 수익이 창출된다'고 오해하는 경우가 많습니다. 유튜브는 YPP(파트너 프로그램) 승인 이후에만 광고 수익을 정산하며 승인 전 노출된 광고 수익은 전액 유튜브 플랫폼으로 귀속됩니다. 또한, 조회수 1,000회당 실제 수익(RPM)은 콘텐츠 주제, 영상 길이, 시청자 국가와 구매력에 따라 큰 차이를 보입니다.

즉, 단순히 조회수만 늘리는 전략보다 단가가 높은 주제와 구매력 있는 시청자층을 정확히 공략해야 같은 조회수라도 훨씬 높은 수익을 만들 수 있습니다.

구분	주의할 점	해결 방안
저작권	타 영상·음악 무단 도용	무료 라이선스, 직접 제작 콘텐츠 활용
반복 콘텐츠	동일한 영상 반복 업로드	해설, 편집, AI 활용한 재구성
광고 남용	광고만 강조, 낚시 제목	정보 중심의 자연스러운 PPL
AI 남용	자동 생성 영상 무단 업로드	직접 개입(대본, 해설, 연출 포함)
수익 오해	YPP 승인 전 광고 수익 기대	YPP 승인 후 수익 구조 이해

마무리

유튜브의 수익화 구조는 과거보다 훨씬 다양하고 개방적인 형태로 바뀌었습니다. 예전에는 구독자 1,000명과 시청 시간 4,000시간을 달성해야만 광고를 진행할 수 있었지만, 지금은 그 이전 단계에서도 브랜드 협찬, 쿠팡 파트너스, 음원 등록, 제휴 링크 등을 통해 충분히 수익을 만들 수 있습니다. 즉, '수익화 버튼'보다 먼저 콘텐츠의 방향성과 시스템 설계 능력이 중요해졌습니다.

유튜브의 수익 구조는 크게 두 가지 축으로 나뉘는데 첫 번째는 플랫폼 내부 수익(광고, 슈퍼챗, 멤버십, 쇼핑 기능)이고, 두 번째는 외부 수익(협찬, 제휴마케팅, 음원, 강의, 전자책 등)입니다.

많은 크리에이터가 첫 번째 축에만 의존하다가 알고리즘 변화나 광고 단가 하락에 많이 흔들리지만, 두 번째 축을 함께 구축하면 채널의 수익은 훨씬 안정적으로 유지됩니다.

결국 유튜브 수익화의 핵심은 '플랫폼이 주는 수익에 의존하지 않는 구조'를 만드는 것입니다. AI 기술과 자동화 도구를 적극 활용하고 채널의 성격에 맞는 수익 경로(광고·협찬·음원·쇼핑)를 복합적으로 운영하면 구독자 수와 상관없이 지속적인 수익 흐름을 구축할 수 있습니다. 즉, 얼굴의 노출이 없고 유명하지 않아도 '콘텐츠의 구조를 아는 사람'이 진짜 유튜브 사업가가 되는 시대입니다.

유튜버를 위한 세금 및 법률 가이드 : 수익이 늘수록 반드시 알아야 할 것들

유튜브 수익이 발생하기 시작하면서, 소소한 취미였던 유튜브 운영은 점차 하나의 사업으로 확립됩니다. 이때부터 세금과 법률문제를 올바르게 이해하고 관리하지 않으면 예기치 못한 세금 폭탄이나 저작권 분쟁 같은 문제로 채널 운영이 중단될 수 있습니다. 많은 유튜버가 콘텐츠 제작에만 집중하다가 뒤늦게 세금 신고를 진행해 여러 법적 문제에 부딪히곤 합니다. Lesson 09 에서는 유튜버라면 반드시 알아야 하는 세금, 회계, 저작권의 실무 지식을 단계별로 알아보겠습니다.

1-1
유튜브 수익의 세금 처리와 기본 원칙

 **유튜브 수익 분류 이해하기**

유튜브에서 발생한 수익은 소득의 형태에 따라 세법상 '사업소득' 또는 '기타소득'으로 구분됩니다.

- 사업소득: 정기적이고 지속적인 콘텐츠 활동으로 얻은 수익을 의미합니다.

- 기타소득: 일회성 또는 부정기적인 활동으로 얻은 수익을 의미합니다.

> **Tip** 채널 운영자가 별도의 고용원(편집자)이나 스튜디오 없이 혼자 집에서 활동한다면 '면세사업자(940306)'로 분류되어 부가세 신고 의무가 면제됩니다(단, 과세사업자로 등록 시 부가세 환급 혜택 있습니다).

▶ 유튜브 수익 유형별 과세 기준

유튜브에서 발생하는 수익은 유형에 따라 과세 기준이 조금씩 다릅니다. 정리하면 다음과 같습니다.

- 애드센스 수익: 유튜브 파트너 프로그램(YPP)을 통해 발생하며 사업소득으로 과세됩니다.

- 슈퍼챗 · 후원 · 멤버십: 시청자로부터 직접 받은 수익으로 광고 수익과 동일하게 사업소득으로 간주됩니다.

- 협찬 · PPL: 외부 브랜드로부터 지급받은 금액 역시 사업소득으로 포함됩니다.

▶ 유튜브 수익 세금 신고 전 점검 사항

유튜브 수익과 관련해 세금 신고 전 반드시 확인해야 하는 점검 사항이 있습니다. 정리하면 다음과 같습니다.

❶ 전체 수입 기록 및 정리

애드센스, 협찬, 후원 등 모든 거래 내역을 문서화하고 영수증 및 계약서를 보관합니다.

❷ 필요경비 관리

촬영 장비, 소프트웨어 구독료, 외주비, 통신비, 교육비 등 유튜브 제작과 직접 관련된 비용은 세금 공제 대상입니다.

❸ 증빙자료 보관

전자영수증 및 계약서를 포함한 모든 자료를 최소 5년간 보관하고 개인 계좌와 사업용 계좌를 분리합니다.

> **Tip** 초보 유튜버라면 복잡한 회계 프로그램 대신 '홈택스 간편장부' 기능을 이용하거나, 'SSEM(쎔)', '머니핀' 같은 유튜버에 친화적인 국내 간편 세무 앱을 활용하는 것을 추천합니다.

1-2
사업자 등록의 필요성과 타이밍

▶ 사업자 등록 기준

사업자 등록은 내 채널에 일정한 수익이 지속적으로 발생했을 때 진행하는 부분으로 다음의 기준을 충족할 때 등록합니다.

❶ 지속적인 수익 발생 시점

원칙적으로 유튜브 활동이 '계속적이고 반복적'이라면 수익 금액과 상관없이 사업자 등록 의무가 발생합니다.

❷ 인적 용역(프리랜서) VS 사업자

MCN에 소속되어 3.3%를 떼고 정산 받는다면 프리랜서로 활동 가능하지만, 구글에서 직접 외화(달러)를 입금 받는 경우 국세청은 이를 사업 활동으로 봅니다.

❸ 실무적 타이밍

통상적으로 월 수익이 꾸준히 발생하여 건강보험료 피부양자 자격 박탈이 우려되거나, 비용 처리(장비 구매 등)가 많아질 때는 사업자를 등록하는 것이 유리합니다.

▶ 사업자 등록의 장·단점

사업자 등록의 장·단점을 정리하면 다음과 같습니다.

❶ 장점

- 유튜브 콘텐츠 촬영을 위한 필요경비 공제(부가세환급 등)의 폭이 넓어져 세금 절감
- 브랜드 협업과 세금계산서 발행이 가능
- 정부 지원 사업자 대출 및 혜택 활용 가능

❷ 단점

- 부가세 신고 등 정기적인 세무관리 필요
- 국민연금·건강보험 등 4대 보험 부담 증가
- 유튜브 운영이 어려워 폐업 시 행정 절차가 복잡

▶ 사업자 유형 선택 가이드

❶ 프리랜서(사업자 등록 없음)

부업으로 가볍게 시작해 아직 유튜브 수익이 적은 초보 유튜버의 경우 별도의 사업자 등록 절차 없이, 5월 종합소득세 신고 기간에 '기타소득' 또는 '사업소득(프리랜서)'으로 신고합니다. 사업자가 아닌 단순 소득세 신고이기 때문에 행정 절차가 간편하다는 장점이 있지만, 카메라 장비 구매 비용에 대한 부가세 환급을 받을 수 없는 단점도 있습니다.

❷ 개인사업자

유튜브 수익이 일정하게 지속적으로 발생하거나 본격적으로 전업 유튜버를 결심했다면 사업자 등록을 해 개인사업자를 내는 것이 유리합니다. 이때 '업종 코드'에 따라 세금 혜택이 달라지니 꼼꼼하게 신중히 선택해야 합니다.

면세사업자(코드: 940306, 1인 미디어 콘텐츠 창작자)
- 조건: 별도의 방송 스튜디오나 고용된 직원(편집자 등) 없이 혼자 활동하는 경우
- 특징: 부가세 신고 의무가 면제되어 세무 관리가 매우 편하지만 면세 사업자이므로 장비 구입 시 지출한 부가세(10%)를 환급받을 수 없습니다.

과세사업자(코드: 921505, 미디어 콘텐츠 창작업)

- 조건: 방송용 스튜디오(임대)가 있거나, 매니저 또는 편집자 등 직원을 고용한 경우
- 특징: 부가세 신고를 해야 하지만, '영세율(세율 0%)'이 적용되어 애드센스 수익에 대한 부가세는 내지 않고, 장비 구입비의 부가세(10%)는 현금으로 환급받을 수 있습니다. 유튜브를 생업으로 선택해 초기 투자 비용(장비, 인테리어)이 많다면 과세사업자가 유리합니다.

> **Tip** 유튜브 수익이 초기 단계라면 먼저 프리랜서로 신고하고 이후 채널이 성장해 협찬·외주 거래가 늘어날 때 사업자 등록을 진행해도 늦지 않습니다.

1-3

현실적인 수익 관리와 회계 전략

유튜브 수익은 월급처럼 예측이 가능하지 않습니다. 그래서 일반 회사의 회계 방식보다 현금 흐름 중심의 수익 관리가 더 적합합니다.

▶ 수익 흐름 파악부터 시작

구글 애드센스 수익은 매달 21일 전후, 달러 기준으로 입금됩니다. 원화 수령 시 환율 차이가 발생하므로 환율 변동분도 수익 관리에 포함하세요. 슈퍼챗·협찬 등 기타 수익은 입금 시점이 다르기 때문에 월별 총 수익 표를 만들어 평균화하면 안정적으로 추적할 수 있습니다.

▶ 세금 대비 계좌는 필수

수익의 25~30% 정도를 세금용 예비 계좌에 따로 모아두세요(예 100만 원 벌면 25만 원을 자동 이체). 이렇게 모아둔 금액은 종합소득세 신고 시 '예상 세금'으로 충당하면 세금 납부에 대한 부담이 적습니다.

▶ 증빙은 간단하게라도 즉시 정리

카드 영수증, 네이버페이 결제 내역 등은 매달 한 번 엑셀에 정리하거나 홈택스 '지출증빙' 관련 조회·내역에서 확인 가능합니다. 외주비·장비 구입은 거래명세서 캡처 후 구글 드라이브에 차곡차곡 보관만 해도 충분합니다.

▶ 세무사 없이도 신고는 가능

연 매출 2천만 원 이하의 소규모 유튜버는 홈택스 종합소득세 신고(5월) 만으로 충분합니다. 단, 연 매출 3천만 원 이상이거나 협찬 거래가 많다면 세무사 도움을 받는 것도 좋습니다.[*]

> **Tip** 초보 유튜버는 홈택스 전자 신고나 자동 회계 서비스를 이용하고, 채널이 성장하면 유튜버 전문 세무사를 통해 세금 구조를 재설계하세요.

1-4
해외 시청자 세금, 이렇게 정리하세요

해외 시청자가 많다고 해서 복잡한 세법을 다 알고 있을 필요는 없습니다. 핵심은 '구글이 미국 세금을 일부 원천징수하고 남은 금액이 입금된다'는 점입니다.

▶ 미국 세금 처리의 구조

미국 시청자 비율이 높다면 W-8BEN[**] 양식을 제출해야 합니다. 이 서류를 제출하지 않으면 미국 시청자 수익의 30%가 자동 공제됩니다. 한 번 제출하면 이후 자동 적용되어 한·미 조세협약에 따라 대략 0~10% 세율로 조정됩니다.

---

[*] 비용은 약 30~70만 원 수준이며 절세 효과로 대부분 상쇄됩니다.

[**] 미국 원천 소득에 대해 비거주자임을 증명하고 조세조약에 따른 원천징수 감면 및 면제를 청구하는 미국 국세청 서류 양식입니다.

▶ 외화 수익 환전 시 주의할 점

애드센스는 달러(USD)로 지급되며, 수익 입금일 기준 환율로 적용되어 자동 환전됩니다. 환율이 큰 폭으로 변할 수 있으므로, 월별 평균 환율(한국은행 고시 기준)을 참고하면 세금 계산이 쉬워집니다.

▶ 외화 수익 금액 신고 절차

홈택스에 접속한 후 메뉴의 [외화 수입금액 신고]를 클릭해 환산 금액을 입력합니다. 앞서 미국에서 원천징수된 금액은 한국 세금에서 공제되므로 애드센스 '지급 내역서'에서 원천징수된 금액을 반드시 첨부해 줘야 합니다.

▶ 해외 수익 비중이 높을 때의 대처

시청자의 50% 이상이 해외 시청자라면 국제 세무사 상담을 고려하세요. 예를 들어 미국, 일본, 동남아 구독자가 많은 채널은 국가별 세율이 달라 실수로 이중 과세될 수 있습니다. 다만, 연간 수익이 5천만 원 이하라면 한국 세법만 적용해도 문제없습니다.

> **Tip** 해외 시청자 비중이 많다고 복잡하게 생각할 필요 없습니다. 구글 애드센스에서 'W-8BEN 제출과 원천징수 금액 확인' 이 두 가지만 잘 챙기면 홈택스 신고 시 자동으로 반영됩니다.

마무리

크리에이터에게 세금과 법률은 가장 낯설고 복잡한 영역일 수 있습니다. 하지만 여러분이 지금 이 고민을 시작했다는 것은, 채널이 단순한 취미를 넘어 '수익을 내는 실전 비즈니스'로 성장했다는 가장 확실한 증거입니다. 세금 신고는 '비용'이 아니라 내 자산을 지키는 '방패'입니다. 아무리 화려한 조회수 기록과 고수익을 올리더라도, 이 기초적인 뒷단속이 허술하다면 공들여 쌓은 탑이 한 순간에 무너질 수 있습니다.

이제 여러분은 단순히 영상을 올리는 업로더가 아니라 1인 미디어 기업의 경영자(CEO)입니다. 오늘 정리해 드린 기초 지식을 바탕으로 안전하고 투명한 수익 구조를 설계하세요.

만약 이 모든 과정이 너무 어렵고 복잡하게 느껴진다면, 과감하게 전문가(세무사)에게 맡기는 것도 가장 현명한 투자가 될 수 있습니다. 여러분의 소중한 시간과 에너지는 '세금 공부'보다 '더 좋은 콘텐츠 제작'에 사용될 때 훨씬 큰 가치를 만들어내기 때문입니다. 탄탄한 시스템 위에서 비로소 여러분의 창작 활동은 더 자유롭고 당당해질 것입니다.

유튜브 콘텐츠 기획과 방향 설정

그래서 이제 무엇을 해야 할까?
: 시청자 니즈가 우선이다!

앞에서 우리는 유튜브 알고리즘의 구조, 콘텐츠 제작의 본질, 수익화 전략, 그리고 각종 오해와 루머의 진실까지 살펴보았습니다. 채널 운영의 다양한 요소를 정리하다 보니, 자연스럽게 질문 하나가 떠오릅니다.

"그럼 결국, 나는 어떤 채널을 해야 할까?"

질문의 답은 의외로 단순합니다. '내가 좋아하는 것만' 할 것이 아니라, '시청자가 좋아하고, 돈이 되는 주제'를 찾아야 한다는 점입니다. **Lesson 01** 에서는 직업, 환경, 취미별로 적합한 채널 방향을 제시하면서 동시에 시청자의 관심과 수익성을 함께 고려한 현실적 전략을 정리해 보겠습니다.

내가 즐겨 보는 채널이 곧 나의 가능성이다

▶ 유튜브 추천 영상은 나의 관심사를 비추는 거울

유튜브에 접속할 때 홈 화면에 가장 먼저 노출되는 영상들은 사용자의 관심사를 반영한 결과입니다. 유튜브가 해당 사용자의 시청 이력과 반응을 바탕으로 '이 사람이 선호할 가능성이 높은 콘텐츠'로 판단한 것입니다. 따라서 그 영상의 주제는 이미 사용자가 잘 알고 있거나 즐겨보는 분야일 가능성이 높습니다. 즉, 시청자이면서 동시에 전문가로서 출발할 수 있는 영역입니다.

▶ 운영자 시점으로 보기

'이 채널 재밌다'에서 멈추지 말고, '내가 이 콘셉트를 운영하면 어떻게 다르게 보여줄 수 있을까?'를 상상해 보세요. 좋은 크리에이터는 '소비자 시점'을 '생산자 시점'으로 전환할 줄 알아야 합니다.

▶ 처음부터 완벽한 사람은 없다

시도하고, 실패하고, 다시 업로드하면서 감을 잡게 됩니다. 유튜브는 완벽한 결과물을 전시하는 갤러리가 아니라 성장하는 과정을 기록하는 공간이라고 생각하세요. 한 번의 시행착오가 다음 영상의 확실한 전략이 됩니다.

▶ 잘 모르겠다면 1등 채널을 벤치마킹하세요

어떤 영상을 제작할지 여전히 막막하다면, 같은 카테고리 내의 상위 1% 채널을 찾아 영상 구성과 썸네일 구조를 분석하세요. 내용은 다르게 하되 검증된 형식을 따라 하는 것부터 시작해도 됩니다. 처음부터 독창적일 필요는 없습니다. 성공한 공식을 모방하다 보면 자연스럽게 나만의 색깔이 입혀지게 됩니다.

'내가 좋아하는 것'과 '시청자가 원하는 것'의 교차점

▶ 취미 중심 채널의 함정

내가 좋아하는 낚시와 내가 좋아하는 운동으로 시작하더라도 그 안에 시청자가 얻을 수 있는 정보나 재미, 공감이 없다면 조회수는 제자리걸음일 수밖에 없습니다. 항상 스스로에게 물어봐야 합니다.

"이 영상을 본 시청자는 무엇을 얻을 수 있을까?"

▶ 돈이 되는 주제의 특징

수익성을 높이고 싶다면 단순한 흥미보다 광고 단가가 높은 분야 또는 구매력 있는 시청자 층이 모이는 주제를 찾아야 합니다. 예를 들어 직장인은 '재테크, 경제 이슈, 소비 트렌드', 주부는 '생활 꿀팁, 건강 정보, 식품 리뷰' 등이 대표적입니다.

▶ 흥미·수익성·대중성의 교집합 찾기

가장 이상적인 주제는 '내가 흥미를 느끼면서도, 사람들이 자주 검색하고, 광고 단가가 높은 분야'입니다. 이 세 가지의 교차점을 중심으로 영상을 만들기 시작하고 시청자 반응을 보면서 점차 주제를 세분화하거나 범위를 확장하는 것이 좋습니다.

대상별 채널 아이디어 가이드

▶ 사업가·자영업자

기존의 사업을 확장하는 콘텐츠로 접근하세요. 예를 들어 과일 가게라면 '과일 고르는 법', '직접 납품하는 농가 브이로그' 등 스토리텔링을 통해 신뢰도와 매출을 동시에 끌어올릴 수 있습니다.

▶ 직장인

시간이 제한된 만큼 쇼츠 중심의 운영이 효율적입니다. 출퇴근길 뉴스, 경제 이슈, 자기계발 콘텐츠처럼 짧은 시간에 정보와 리듬감을 주는 영상이 조회수에 효과적입니다.

▶ 주부·재택근무자

생활 팁, 살림, 육아, 건강, 요리 같은 주제는 항상 수요가 넘칩니다. 단, 단순 정보의 나열보다 '내가 직접 써본 경험'을 이야기하듯 보여주는 것이 시청자에게 큰 신뢰를 안겨줍니다.

▶ 대학생·청년층

캠퍼스 브이로그, 공부 콘텐츠도 좋지만 요즘은 이슈형 또는 밈 기반의 콘텐츠가 빠르게 성장합니다. 시청자 공감이 있는 주제에 유머와 트렌드를 섞어보세요.

상품 홍보가 목적이라면 노골적 광고보다 정보성, 유용성 중심의 영상이 효과
적입니다. 리뷰, 레시피, 비교 콘텐츠처럼 '시청자에게 도움이 되는 형식'을 선
택해야 장기적으로 신뢰를 얻습니다.

> **Tip** 본인의 직업, 관심사, 특기에서 출발하되 그 내용을 시청자에게 '유익한 이야기'로 변경
> 하는 것이 핵심입니다. 스토리텔링이 어렵다면 조회수가 높은 유사 채널을 20~30개
> 분석해 포맷과 흐름을 벤치마킹해 보세요. '어떻게 말하느냐'가 '무엇을 말하느냐'보다
> 중요할 때가 많습니다.

1-4

실행의 시작: 작게 시작하고, 빠르게 수정하라

▶ 데이터는 방향을 알려주는 나침반

처음 올린 영상의 조회수, 시청 시간, 댓글 반응이 곧 시청자가 어떤 포인트에
서 반응하는지 보여줍니다. 이 데이터를 바탕으로 제목, 썸네일, 편집 스타일
을 개선하세요. 단, 채널 정체성을 급격히 변경하면 알고리즘이 리셋되므로 새
로운 주제를 시도할 때는 별도의 채널을 개설하는 게 안전합니다.

▶ 실패는 성장의 과정

영상의 조회수가 터지지 않아도 좌절할 필요 없습니다. 유튜브는 '실패가 누적
될수록 노하우가 쌓이는 구조'입니다. 처음 작은 시도들이 쌓여 어느 순간 알
고리즘이 나의 채널을 인식합니다. '완벽히 준비된 후 시작하겠다'는 생각보다
'일단 올리고, 반응을 보며 수정하자'가 훨씬 빠른 성장 전략입니다. 결국 유튜
브는 시청자 중심의 플랫폼입니다.

'내가 하고 싶은 이야기'가 아니라 '시청자가 듣고 싶어 하는 이야기'를 찾아야 합니다. 내가 좋아하는 주제라도 시청자의 관점에서 각색하고 시청자가 즐거워하는 요소를 고민한다면 얼굴을 공개하지 않아도 자본이 없어도, 당신의 채널은 충분히 성장할 수 있습니다. 행동이 시작이고 데이터가 영상의 방향을 정하며 꾸준함이 결국 성공을 만듭니다.

1-5

나는 어떤 채널을 해야할까?

본문에서 채널 개설과 운영, 알고리즘의 작동 방식, 수익화, 쇼츠와 롱폼 전략까지 유튜브 성공에 필요한 핵심 개념을 살펴보았습니다. 그렇다면 "어떤 채널을 운영해야 할까?"라는 질문에 대한 답은 다음과 같습니다.

▶ 내가 평소 즐겨 보는 채널은 무엇인가?

유튜브가 추천할 정도라면 내가 그 분야에 충분한 흥미와 이해도가 있는 겁니다. '이걸 내가 운영한다면?' 또는 '조금 더 다르게 표현할 수 있을까?'를 고민해 보세요. 아니면 모를 땐 따라 하세요. 단, 벤치마킹 채널의 최소한의 퀄리티 이상으로 제작해야 합니다. 그래야 알고리즘이 '더 나은 대체 콘텐츠'로 인식합니다.

▶ 시청자에게 어떤 가치(정보, 재미)를 줄 수 있는가?

단순히 '내가 좋아서 하는 콘텐츠'에는 한계가 있습니다. 시청자는 항상 문제 해결, 욕구 충족, 흥미 유발, 정보 제공을 원합니다. '이 영상에서 시청자가 얻는 건 무엇인가?'를 스스로에게 물어보세요. 시청자 입장에서 한 번 더 점검하면 조회수는 자연스럽게 따라옵니다.

◉ 돈이 되는 주제인지, 수익화 가능성은 있는가?

주제 선택 시 광고 단가(CPM), 협찬 굿즈, 강의, 라이브커머스 등 다양한 수익 구조를 함께 고려해야 합니다. 조회수보다 중요한 건 '누가 보는가?'입니다. 구매력 높은 타깃층을 확보한 채널은 적은 조회수로도 큰 수익을 낼 수 있습니다. 예를 들어 금융, 건강, 교육, 기술, 부동산 관련 콘텐츠는 단가가 높고 협찬 기회도 많습니다.

◉ 지금 바로 실행하세요

'이제 읽었으니 나중에 해볼게요.', '장비가 없어서 아직은…' 이런 말은 모두 시간 낭비입니다. 유튜브는 완벽하게 준비된 사람보다 지금 실행하는 사람에게 더 많은 기회를 줍니다. 처음엔 서툴러도 괜찮습니다. 모든 시행착오가 데이터가 되고, 그 데이터는 경험이 됩니다. 그 경험이 쌓이면 성공 채널의 설계도가 됩니다. 결국 성공은 '지식'이 아니라 '실행'입니다. 지금 이 순간이 가장 빠른 시작점입니다.

'망하지 않는 유튜브'를 만드는 건 특별한 재능이 아니라, 지속적인 시도와 시청자 관점의 사고입니다. 지금 바로 시작하세요. 당신의 채널이 내일의 성공 사례가 됩니다.

마무리

이 책의 마지막 페이지를 넘기는 순간, 여러분은 더 이상 시청자가 아닙니다. 이제는 누군가가 만든 세상을 소비하는 객석에서 일어나 나만의 세상을 만드는 무대 위로 올라갈 차례입니다. 가슴 뛰는 아이디어가 있어도 실행하지 않으면 망상에 불과합니다. 투박하더라도 세상에 내놓으면 그것은 현실이 되고 역사가 됩니다. 지금 여러분이 동경하는 100만 유튜버들도 모두 조회수 0회, 구독자 0명이라는 똑같은 출발선에서 시작했다는 사실을 잊지 마세요.

완벽한 준비가 될 때까지 기다리지 마십시오. 최고의 장비는 지금 여러분의 손에 들린 스마트폰과 컴퓨터이고 최고의 기획은 일단 업로드하고 부딪혀보는 용기입니다. 고민하는 10시간보다 서툰 1분의 영상이 여러분을 성공으로 더 빠르게 데려다줄 것입니다. 여러분의 채널이 누군가에게는 즐거움이 되고 누군가에게는 배움이 되며, 여러분 자신에게는 경제적 자유를 선물하는 강력한 파이프라인이 되기를 바랍니다. 지금 바로 여러분의 첫 번째 콘텐츠를 세상에 공개하세요. 여러분의 전성기는 바로 그 순간 시작됩니다.

어떤 키워드로 소재를 만들까?
: 폭발적인 조회수를 만드는 법

유튜브에서 조회수 100만 뷰를 달성하기 위해서는 '내가 좋아하는 것'만 고집하기보다 다수의 시청자가 열광하는 주제를 포착해야 합니다. **Lesson 02** 에서는 대중적 관심사와 시즈널 이슈(Seasonal Issue)를 찾아내고 이를 영상 소재로 연결해 폭발적인 조회수로 이어가는 구체적인 방법을 모색해 보겠습니다.

내 시선이 아닌, 대중의 시선이 먼저입니다

▶ 왜 시청자 중심 사고가 필요한가?

시청자는 '내가 궁금한 걸 지금 바로 해결해 줄 영상'을 찾습니다. '내가 좋아하는 주제'만 다루면, 비슷한 취향을 가진 소수에게만 노출됩니다. 반면, 대중적 관심사와 트렌드 키워드를 분석하면 조회수 폭발의 기회를 잡을 수 있습니다.

조회수만 노리고 대중성 높은 키워드를 남발하면 채널의 개성이 약해집니다. 반대로 대중은 무시한 채 정체성만 고집하면 채널 노출 기회가 제한됩니다. 핵심은 '내 전문 분야'와 '대중의 관심사' 사이 교집합을 잘 찾는 것입니다. 대중의 관심을 한몸에 받는 트렌드함과 채널 정체성을 잃지 않는 주제를 찾을 때 구독과 조회수 모두 잡는 콘텐츠가 탄생합니다.

1-2
조회수와 트렌드 파악, 이렇게 하세요

1 · 구글 트렌드와 네이버 데이터랩 활용

구글 트렌드와 네이버 데이터랩을 활용해 현재 트렌트 및 특정 키워드의 조회수를 확인하는 방법을 알아보겠습니다.

❶ 구글 트렌드 사용 방법

01 네이버 또는 구글 크롬 검색란에 '구글 트렌드'를 입력해 검색한 후, 상단의 검색 결과를 클릭합니다.

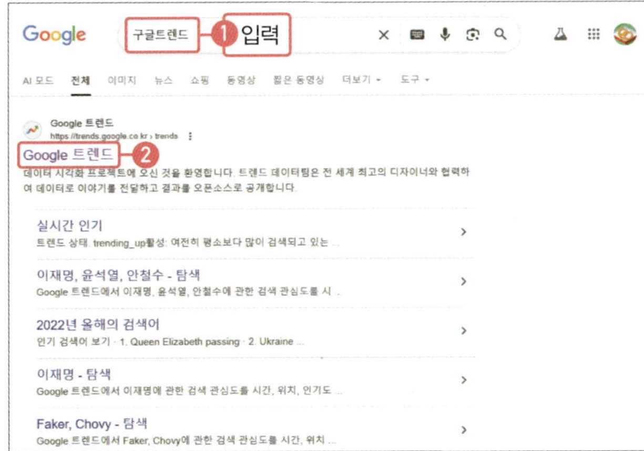

02 Google Trends 홈 화면이 나타나면 검색란을 클릭해 원하는 키워드를 입력한 후 [탐색] 버튼을 클릭합니다.

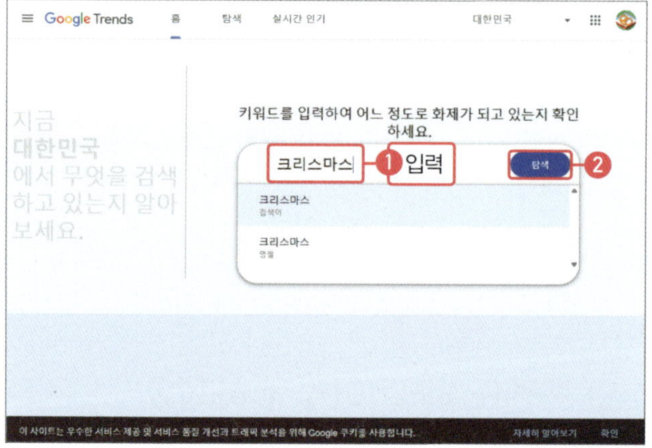

03 [탐색] 탭으로 화면이 이동되고 검색한 키워드의 관심도 변화 그래프가 나타납니다.

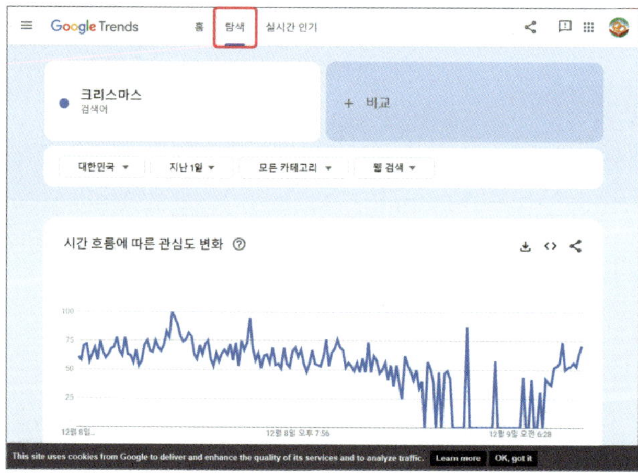

04 마우스 커서를 그래프 가까이 가져가면 해당 키워드의 시간별 검색량도 확인할 수 있습니다.

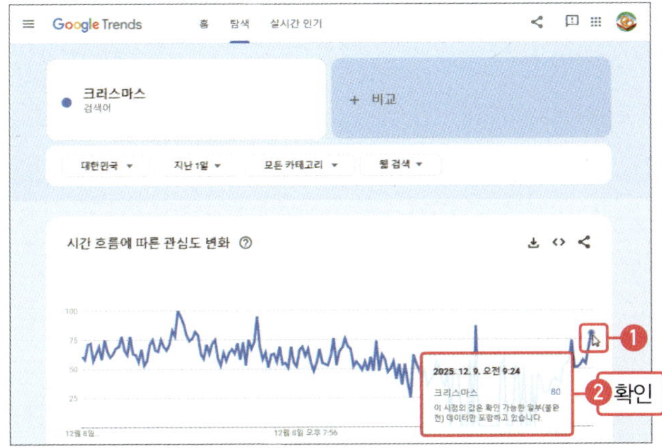

[실시간 인기] 탭을 클릭하면 이용자가 현재 가장 많이 검색하는 키워드를 확인할 수 있습니다.

01 네이버 또는 구글 검색란에 네이버 데이터랩을 입력해 검색한 후 상단의 검색 결과를 클릭합니다.

02 네이버 데이터랩 홈 화면이 나타나면 [데이터 홈] 탭의 [분야별 인기 검색어] 영역에서 카테고리별, 날짜별 인기 검색어 조회가 가능합니다.

03 트렌드 확인을 위해 상단 메뉴의 [검색어트렌드] 탭을 클릭한 후 [검색어트렌드] 영역에서 원하는 [주제어] 및 [기간]을 설정하고 스크롤을 아래로 내려 [네이버 검색 데이터 조회] 버튼을 클릭합니다.

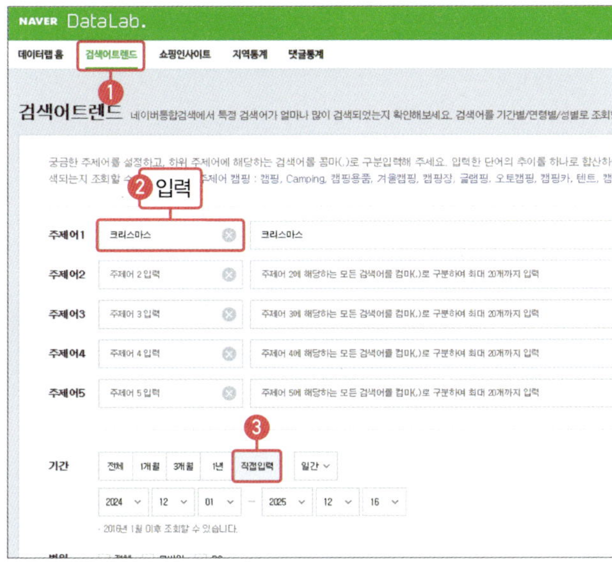

04 해당 키워드의 검색량을 조회할 수 있습니다.

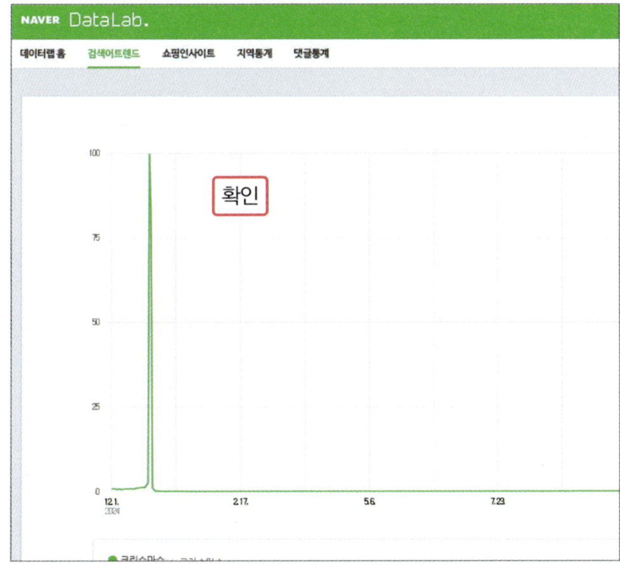

유튜브 검색란에 키워드를 입력하면 자동으로 연관어가 표시됩니다. 이는 실제로 많은 시청자가 검색한 키워드입니다. 인기 채널의 제목, 설명, 태그를 분석하여 자주 쓰이는 핵심 단어와 문장 구조를 벤치마킹하세요.

▶ 유튜브 검색창 활용 방법

01 유튜브를 실행한 후 홈 화면의 검색란을 클릭해 원하는 키워드를 입력합니다.

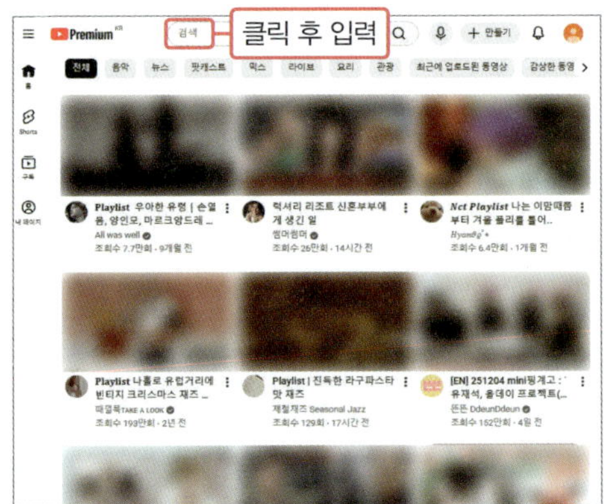

02 자동으로 검색어 아래 추천 검색어가 나타납니다. 추천 검색어는 실제 많은 사람이 검색한 키워드이므로 이 중에서 콘텐츠 주제를 발견할 수 있습니다.

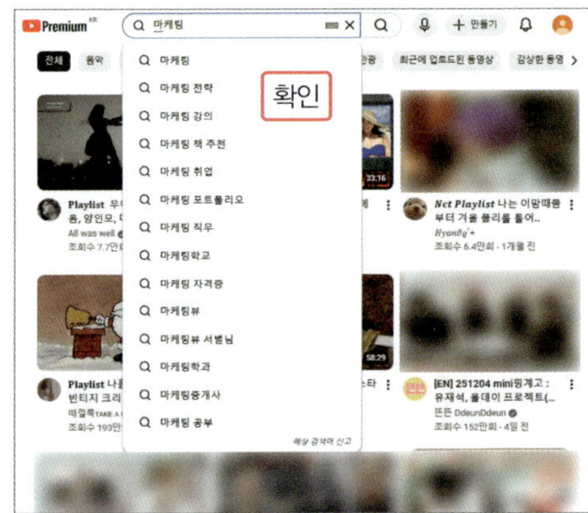

Q   주식*방법

- Q   주식 방법
- Q   주식 차트 보는 방법
- Q   주식 초보가 공부하는 방법 5가지
- Q   주식 그래프 보는 방법
- Q   주식 선물 거래 방법
- Q   주식 매수 매도 방법
- Q   주식 잘하는 방법
- Q   주식 종목 발굴 방법
- Q   주식 매도 방법
- Q   주식 신용거래 방법

3 · 실제 검색량과 경쟁도 비교

검색량이 많다고 무조건 좋은 키워드는 아닙니다. 경쟁이 치열하면 채널의 상위 노출이 어려워집니다. 이럴 때 롱테일 키워드(세부 키워드)를 공략하세요.

▶ 롱테일 키워드 활용 예시

키워드	롱테일 키워드
무료 이미지	저작권 없는 무료 이미지, 상업용 무료 이미지
반려동물	반려동물 키우기, 반려동물 관리
메타버스	2026 메타버스, 메타버스 플랫폼

시즈널 이슈(월드컵·밸런타인데이 등)로 폭발적인 시청자 유입 잡기

▶ 시즈널 이슈란?

시즈널 이슈란 특정 시기에 대중이 많이 찾는 주제를 의미하며 이벤트 시기에 검색량이 폭발적으로 급등합니다. 미리 준비된 영상이 이슈 시점과 맞물리면 단기간에 수십만~수백만 조회수가 가능합니다.

▶ 시즈널 이슈 활용 예시

이벤트	영상 주제 예시
월드컵	우리 집에서 월드컵 응원하기_저예산 데코 간식 아이디어
밸런타인데이	10분 완성 초콜릿 레시피
연말파티	파티 분위기 살리는 인테리어&요리 꿀팁

❶ 계절별 콘텐츠

- 봄: 벚꽃 명소, 봄 패션, 봄나들이
- 여름: 휴가지 추천, 피서법, 여름 음식
- 가을: 단풍 구경, 가을 축제, 독서
- 겨울: 스키장, 겨울 패션, 연말 파티

❷ 특정 기념일/명절

- 설날, 추석 특집, 크리스마스, 연말 콘텐츠, 밸런타인데이, 화이트데이, 빼빼로데이

❸ 시기별 이슈

- 입학, 개학 시즌, 수능, 입시 시즌, 여름, 겨울 방학, 휴가철

❹ 특별한 이벤트

- 올림픽, 월드컵, 선거, 대형 콘서트, 페스티벌, 신제품 출시

시기적절한 주제로 대중의 즉각적인 관심을 끌 수 있지만 해당 시기가 지나면 조회수가 급감하므로 상시 콘텐츠와 시즈널 콘텐츠를 적절히 섞어 운영하는 것이 가장 좋습니다.

1-4

미래 트렌드를 선점하라: 잠재 키워드 공략

▶ 아직 뜨지 않은 주제, 가장 먼저 다뤄라

검색량이 적을 때 선점하면 채널 경쟁 없이 바로 노출됩니다. 일례로 'AI 영상 생성'이 본격화되기 전 AI 콘텐츠 채널을 시작한 크리에이터들은 이후 '트렌드 1세대'로 자리 잡았습니다.

▶ 해외 트렌드 모니터링

해외 뉴스, X(트위터), 레딧, 틱톡 등에서 먼저 바이럴 되는 주제를 체크하세요. 국내보다 2~4주 앞서 움직이는 경우가 많기 때문에 이를 빠르게 영상화하면 한국 최초 포맷이 될 수 있습니다.

▶ 하이리스크·하이리턴 전략

예측이 틀릴 수 있지만, 한 번 적중하면 압도적인 시청자 유입을 얻을 수 있습니다. 시청자에게 '새로운 세계를 가장 먼저 보여주는 채널'이 되는 순간, 구독자 충성도는 급격히 상승합니다.

대중적 이슈와 나만의 콘텐츠 방향이 맞닿는 순간, 조회수 그래프는 수직 상승합니다. 시즈널 이벤트, 미래 트렌드, 실시간 이슈 등 이벤트성 키워드는 단기간에도 엄청난 노출 효과를 냅니다. 하지만 채널의 정체성과 전혀 관련 없는 주제만 좇으면 구독자 신뢰를 잃을 수 있습니다. 핵심은 '트렌드 위에 나만의 관점'을 입히는 것입니다.

마무리

조회수는 막연한 기대나 운에서 나오는 것이 아닙니다. 철저한 데이터 분석과 대중의 니즈를 파악하는 검색에서 시작됩니다. 오늘 학습한 키워드 전략과 시즈널 이슈는 여러분의 영상을 창고에 묵혀두지 않고 가장 필요한 사람들에게 즉시 배달해 주는 강력한 배송 시스템과 같습니다. 하지만 명심하세요. 단순히 인기 있는 키워드만 쫓아다니는 앵무새가 되라는 것이 아닙니다. 남들이 다 아는 세상의 관심사라는 그릇에 여러분만의 고유한 관점과 해석을 담아내는 것이 핵심입니다. 그때 비로소 시청자는 정보를 얻기 위해 채널을 찾아왔다가 여러분의 매력에 빠져 구독을 누르게 됩니다.

이제는 나의 감이나 추측에만 의존하지 마세요. 대신 세상이 무엇을 검색하고 있는지, 지금 사람들의 시선이 어디로 향하는지를 냉철한 데이터로 확인하세요. 대중의 욕망을 읽어내는 눈과 남들보다 반보 앞선 실행력이 결합될 때, 여러분의 채널은 정체기를 뚫고 압도적인 성장의 궤도에 오르게 될 것입니다. 지금 바로 흐르는 트렌드 위에 여러분만의 색깔을 입히세요. 대중이 원하는 그곳에 여러분의 깃발을 꽂는 순간, 폭발적인 성장은 현실이 됩니다.

대본 없이 촬영?
1분 만에 완성하는 초간단 공식

대본 없이 즉흥적으로 영상을 찍으면 말을 두서없이 내뱉게 되어 분위기가 산만해지고 메시지가 흐트러지기 쉽습니다. 하지만 매번 완벽한 대본을 작성하기에는 시간이 부족하죠.  에서는 단 1분 만에 대본의 뼈대를 완성하는 공식과, 시청 시간을 길게 유지하는 '궁금증 유발 대본 전략'을 함께 살펴보겠습니다.

1-1
빠르게 대본을 잡는 4단 공식

영상 대본은 구조만 제대로 잡아도 절반은 완성입니다. 즉흥적인 말하기보다 '훅–인트로–본론–결론'의 기본 구성을 갖추면 짧은 시간에 명확한 메시지를 전달할 수 있습니다.

1 · 훅(Hook): 시작 5초, 시청자를 붙잡는 질문

유튜브에서 영상 시청 유지율의 70%는 오프닝 5초 안에 결정됩니다. 시청자는 영상 앞부분만 잠깐 보고도 '이 영상이 나에게 필요한가'를 판단합니다. 따라서 오프닝에는 반드시 질문, 숫자, 반전이 들어가야 합니다.

> • 이 공식만 알면 대본 작성 시간이 10분에서 1분으로 줄어듭니다.
> • 왜 대부분의 유튜버는 초반 5초에서 시청자를 놓칠까요?

숫자나 반전이 포함된 문장은 시각적 자극과 동시에 궁금증을 유발해 시청자를 끝까지 붙잡습니다. 즉 영상 초반의 훅은 시청자의 '궁금증'을 자극해 영상 전체를 이끌어 가는 첫 문장입니다.

2 · 미니 인트로(Mini Intro): 오늘의 약속으로 신뢰 확보

시청자의 관심을 붙잡았다면, 다음 '이 영상을 보면 어떤 도움이 있는가'를 제시해야 합니다. 이 구간은 신뢰를 얻는 구간으로 영상의 목적을 정확히 제시하는 것이 핵심입니다.

> • 오늘은 누구나 따라 할 수 있는 1분 대본 공식 3가지를 알려드릴게요.
> • 지금부터 대본 없이도 논리적으로 말하는 구조를 잡는 법을 보여드리겠습니다.

짧은 문장으로 오늘의 목표를 제시하면, 시청자는 '끝까지 보면 얻을 것이 있겠다'는 인식을 하게 됩니다.

3 · 본론(Body): 핵심 포인트 3개 이내

영상의 본론이 너무 길고 분량이 많으면 시청자의 집중력을 떨어트립니다. 핵심 포인트는 최대 3개 이하로 정리하고 각 포인트마다 구체적인 예시를 하나씩 넣어야 합니다.

- 첫 번째 포인트는 구조입니다. 대본의 뼈대를 잡지 않으면 말이 흔들립니다.
- 두 번째 포인트는 핵심 키워드입니다. 그런데 여기서 많은 초보자들이 실수하는 부분이 있죠.
- 세 번째 포인트는 AI 활용법입니다. AI가 초안을 잡아주면 촬영 속도가 3배는 빨라집니다.

'다음 내용 암시 → 궁금증 유발 → 시청 유지'의 흐름을 만들어 줘야 합니다.

4 · 결론(Conclusion) + CTA: 요약과 행동 유도

결론에서는 핵심만 짧게 되짚고 자연스럽게 CTA(Call To Action) 문장을 넣습니다. 단순히 '구독해 주세요'가 아니라 '이 템플릿은 설명 첫 줄에서 다운로드 할 수 있습니다'처럼 구체적 이익을 제시해야 전환율이 높아집니다.

오늘 말씀드린 대본 공식만 기억하시면, 이제 촬영 전에 머리 아플 일이 없을 겁니다. 다음 영상에서는 AI로 썸네일까지 자동 생성하는 방법을 알려드릴게요.

영상의 마지막에 다음 영상에 대한 기대감을 심어주는 문장은 시청 지속률을 높이는 가장 확실한 방법입니다.

▶ 대본 핵심 요약

본문에서 설명한 대본의 핵심을 요약하면 다음과 같습니다. 먼저 훅에서 궁금증을 유발하고, 인트로에서 오늘의 목표를 제시합니다. 본론은 간결하게 3포인트 이내로 구성하며, 마지막 결론에서는 핵심을 간단히 정리한 뒤 행동 유도 문장으로 마무리합니다.

짧은 영상일수록 구조가 명확해야 합니다. 즉흥적으로 보이는 말 하기도 사실은 설계된 말하기입니다. 다음 1-2에서 AI 도구를 활용해 이 구조를 1분 안에 완성하는 방법을 살펴보겠습니다.

생성형 AI로 1분 만에 대본 완성하기

이제는 챗GPT, 클로드, 제미나이 등 다양한 생성형 AI 도구가 크리에이터의 강력한 무기입니다. 이들은 단순한 도구를 넘어 시간을 절약해 주는 천재 보조작가 역할을 합니다. 하지만 어떤 훌륭한 AI라도 막연히 '유튜브 대본 써줘'라고 하면 교과서처럼 지루하고 딱딱한 문장만 내뱉습니다. 시청자를 붙잡는 매력적인 대본을 원한다면, AI에게 구체적인 역할과 가이드를 줘야 합니다. 다음바로 복사해서 쓸 수 있는 만능 프롬프트를 소개합니다.

▶ 유튜브 대본, 만능 프롬프트

프롬프트 예시

너는 지금부터 구독자 50만 명을 보유한 전문 유튜버야. 아래 주제로 3분 길이의 유튜브 영상 대본을 작성해 줘.

주제: 예 '초보자도 할 수 있는 스마트스토어 월 100만 원 버는 법 타깃'
시청자: 예 퇴근 후 부업을 찾는 30대 직장인

[필수 요청 사항]
❶ 톤 앤 매너: 친구에게 말하듯이 자연스러운 구어체(대화체)를 사용해 줘. 어려운 전문 용어는 빼고 쉽게 설명해.
❷ 후킹(초반 5초): 시작하자마자 시청자의 호기심을 자극하거나, 문제점을 콕 집어주는 강력한 멘트로 시작해.
❸ 구조: • 오프닝: 공감대 형성 및 이 영상을 봐야 하는 이유
　　　　 • 본론: 핵심 노하우 3가지 (첫째, 둘째, 셋째로 구분)
　　　　 • 결론: 한 줄 요약 및 구독 · 좋아요 요청
❹ 길이: 읽었을 때 약 3분 내외 분량으로 작성해 줘.

● 왜 이 프롬프트가 효과적일까요?

AI에게 결과물의 완성도를 높이려면 먼저 역할과 상황을 명확히 설정하는 것이 중요합니다. 예를 들어 '구독자 50만 명을 보유한 유튜버'라는 페르소나를 부여하면, AI는 보다 전문적이고 자신감 있는 어투로 말하기 시작합니다. 여기에 더해 누구에게 말하는지, 즉 타깃 시청자를 구체적으로 지정하면 용어의 난이도와 예시가 자연스럽게 조정되어 메시지가 훨씬 현실적으로 다가옵니다. 마지막으로 훅 – 본론 – 결론처럼 명확한 구조를 함께 제시하면, 내용이 흩어지지 않고 논리적으로 정리된 짜임새 있는 대본을 얻을 수 있습니다.

> **Tip** AI가 써준 대본을 그대로 읽지 마세요. 챗GPT는 초안을 잡아주는 도구일 뿐입니다. 여기에 여러분의 실제 경험담(에피소드)을 한 스푼 넣고, 입에 잘 붙도록 말투를 다듬어야 비로소 살아있는 콘텐츠가 됩니다.

● 구체적인 '말투(Persona)'를 지정하라

AI 도구가 작성한 글이 딱딱하다면, 내가 직접 수정하기 전에 AI에게 연기를 시키세요. 챗GPT나 클로드에게 단순히 내용을 요약해달라고 하는 대신, 구체적인 말투(Tone & Manner)를 지정하면 결과물의 결이 완전히 달라집니다.

❶ 일반 요청

프롬프트 예시
대본 구조의 중요성에 대해 써줘.

▼

AI 답변 예시
효율적인 대본 작성을 위해서는 구조를 갖추는 것이 중요합니다. 이를 통해 작업 시간을 단축할 수 있습니다. → 건조하고 지루함

> **프롬프트 예시**
> 동네 친한 형이 아끼는 동생한테 조언하듯이, 재치 있고 유머러스하게 말해줘.

▼

> **AI 답변 예시**
> 야, 이거 딱 하나만 기억해. 이 구조만 제대로 알잖아? 그럼 머리 아픈 대본 고민, 거짓말처럼 싹 사라진다니까? → 몰입감 높음

> **Tip** '비속어는 빼고', '문장 끝을 ~해요로 통일해 줘', '중간중간 ㅋㅋㅋ를 넣어줘'처럼 규칙이 구체적일수록 내가 원하는 느낌에 가까워집니다. AI를 단순한 작가가 아니라 내 채널의 색깔을 입은 배우처럼 활용하세요.

▶ 썸네일 기획 그리고 이미지 생성까지 한 번에

대본이 완성되었다면, 그 내용을 바탕으로 제목과 썸네일 문구까지 요청하세요. AI는 방금 작성한 본문 내용을 가장 잘 이해하고 있는 상태이기에 사람보다 더 핵심을 잘 찌르는 카피를 뽑아냅니다. '지금 쓴 대본을 바탕으로 클릭률(CTR)이 높을 만한 자극적인 제목 5개와 썸네일 문구 3개를 추천해 줘'라고 프롬프트를 작성해 여러 가지 안을 받아보고 그중 가장 매력적인 조합을 골라 테스트하세요.

여기서 한 단계 더 나아가, 최근의 챗GPT(유료 버전)나 제미나이 같은 멀티 모달 AI는 실제 썸네일 이미지를 직접 그려주기도 합니다. '방금 추천한 문구와 내용을 바탕으로 유튜브 썸네일 이미지를 16:9 비율로 그려줘.' 이렇게 요청하면, 포토샵이나 디자인 도구를 실행하지 않고도 단 몇 초 만에 내 영상 주제에 딱 맞는 훌륭한 썸네일 이미지를 즉시 만들어줍니다.

AI에게 구조와 페르소나를 주면 1분 만에 대본 초안 완성 대본 내용을 바탕으로 클릭률 높은 제목과 썸네일 문구 추천 가능 챗GPT, 제미나이 등을 활용해 실제 썸네일 이미지까지 생성 가능합니다. 이제 AI를 통해 제작 시간은 획기적으로 줄이고 아이디어의 질은 높일 수 있습니다. 다음 1-3에서는 시청 시간을 늘리는 대본 설계의 기술을 살펴보겠습니다.

1-3
시청 시간을 늘리는 대본의 비밀

유튜브 알고리즘은 단순 조회수보다 시청 유지율(Watch Time)을 중요하게 평가합니다. 즉, '끝까지 보게 만드는 대본'이 조회수보다 더 큰 영향을 미칩니다.

● 시청자를 붙잡는 대본의 원리

❶ 질문으로 마무리하기

다음 내용을 보고 싶게 만들어 자연스러운 유도 효과를 냅니다.

> **대본 예시**
> 그런데 이 부분에서 대부분이 실수합니다. 왜일까요?

❷ 반전 예고

시청자의 호기심을 자극하여 끝까지 영상을 완주하도록 만듭니다.

> **대본 예시**
> 이 공식은 초보자뿐 아니라 프로 유튜버도 몰랐던 방법입니다.

❸ 복선 주기

영상의 중요한 내용을 의도적으로 미뤄서 시청자의 집중도를 높입니다.

> **대본 예시**
> 잠깐, 이건 조금 있다 다시 설명 드릴게요

❹ 결론 예고

시청자가 영상 시청 중간에 나가지 않도록 유지시킵니다.

> **대본 예시**
> 영상 끝에 실제로 제가 쓰는 대본 템플릿을 공개할게요!

이러한 장치들은 단순한 문장이 아니라 '시청 유지용 스토리 설계'입니다. 즉, 대본은 내용 전달이 아니라 시청자와의 호흡과 리듬을 만드는 구조입니다.

 시청자 유지율 대본 핵심 요약

궁금증은 시청 유지율의 핵심입니다. 대본에 반전, 질문, 복선이 있는 말의 흐름을 설계해 줘야 합니다. 이제 유지력 있는 대본의 원리를 이해했다면, 실제 촬영 현장에서 활용할 수 있는 대본 루틴 표를 살펴보겠습니다.

1-4

요약 정리: 1분 대본 루틴

짧은 영상이라도 이 네 가지 구조를 잘 적용하면 '즉흥처럼 보이지만 설계된 대화'를 완성할 수 있습니다. 핵심은 대본이란 글을 읽기 위한 것이 아니라 시청자의 머릿속에 리듬을 심는 설계도입니다.

구간	핵심 역할	시청 유도 포인트
훅	강한 궁금증 유발	질문 · 숫자 · 반전
인트로	신뢰 · 예고	오늘의 목표 제시
본론	핵심 2~3 포인트	연결 문장으로 다음 내용 유도
결론	요약 · CTA	다음 영상 예고, 구독 자연스럽게 유도

마무리

유튜브의 본질은 화려한 영상미 이전에 메시지의 설계에 있습니다. 직접 카메라로 촬영을 하든, AI로 영상을 생성하든 상관없습니다. 모든 성공한 콘텐츠는 치밀한 대본이라는 설계도 위에서 탄생합니다.

Lesson 03 에서 익힌 AI 대본 공식은 여러분의 영상을 지탱하는 가장 든든한 뼈대가 될 것입니다. 뼈대가 튼튼해야 제작 과정에서의 불필요한 시행착오를 줄이고 끝까지 흔들림 없는 메시지를 전달할 수 있습니다.

유튜브 콘텐츠 제작 및 운영 실전 가이드

매력적인 썸네일과 제목,
시청자의 클릭을 부르는 비법

유튜브에 접속한 후 시청자는 스크롤을 위아래로 빠르게 움직이며 어떤 영상을 볼 것인지 고민합니다. 짧은 시간 안에 시청자의 마음을 사로잡으려면 썸네일과 제목을 잘 뽑아야 합니다. 아무리 영상의 내용이 훌륭해도 이 두 관문에서 주목받지 못하면 조회수는 오르지 않습니다.

다양한 썸네일 사이에서 눈에 띄게 만드세요   썸네일의 텍스트는 분명하고 읽기 쉬워야 합니다.

썸네일은 동영상 내용을 미리 보여주고 시청자의 호기심을 자극해야 합니다.   썸네일은 기기에 따라 화면 크기가 조금씩 변경되므로 고화질 이미지와 텍스트를 사용하세요.

썸네일은 시청자의 클릭을 결정짓는 첫인상

▶ 0.5초의 선택: 첫인상을 장악하라

시청자는 썸네일을 보는 순간 '클릭할 가치가 있는 영상인가?'라고 직감적으로 판단합니다. 0.5초 동안 시선을 확실히 붙잡지 못하면 기회는 다른 채널로 넘어갑니다. 따라서 썸네일은 영상의 단순한 대문 이미지가 아니라 '스토리의 예고편'이 되어야 합니다. 예쁘기보다 '이 영상, 뭔가 있을 것 같은데?'라는 호기심을 불러일으키는 것이 핵심입니다.

▶ 유튜브 알고리즘은 썸네일에서 시작된다

썸네일에 이끌려 영상을 클릭한 시청자의 시청 시간이 충분히 확보되면, 유튜브는 그 영상을 '좋은 콘텐츠'로 판단해 알고리즘 추천 범위를 확대합니다. 즉, 썸네일은 시청자 선택과 알고리즘 추천으로 이어지는 채널 성장 공식의 출발점인 셈입니다.

시선을 사로잡는 썸네일 원칙

▶ 명확한 대비와 강렬한 색감

밝은 배경에는 어두운 텍스트를 어두운 배경에는 밝은 글씨로 대비를 주어야 합니다. 썸네일은 화면이 작기 때문에 복잡한 색 조합보다 두세 가지 색으로 통일하여 만드는 것이 가장 효과적입니다.

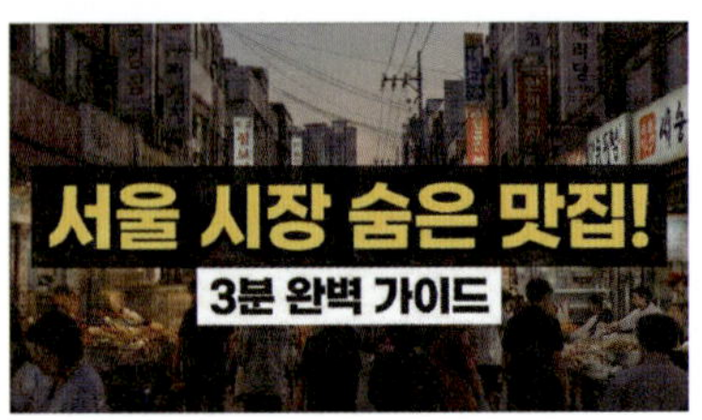

가독성이 낮은 썸네일
(나쁜 예)

가독성이 높은 썸네일
(좋은 예)

▶ 키워드는 짧고 강렬하게

썸네일의 문장이 길어지면 시청자의 뇌는 읽기를 포기하고 넘어갑니다. 이왕이면 텍스트는 짧고 강렬한 키워드로 조합해 주세요. 예를 들어 '3분 완성', '이건 몰랐다', '충격 결과'처럼 직관적으로 빠르게 인식할 수 있는 단어 중심으로 구성하는 것이 좋습니다.

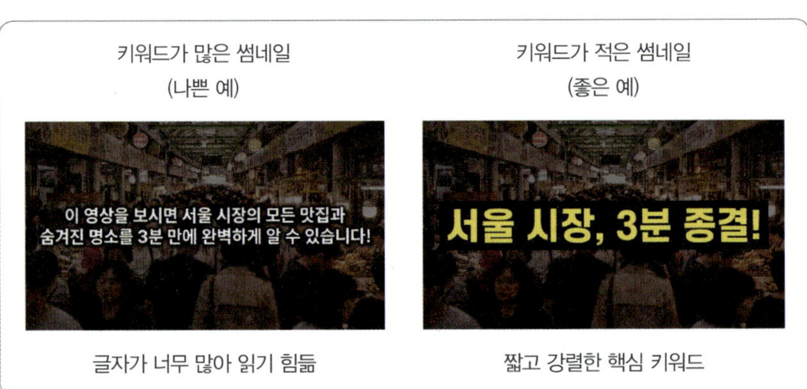

키워드가 많은 썸네일
(나쁜 예)

키워드가 적은 썸네일
(좋은 예)

글자가 너무 많아 읽기 힘듦

짧고 강렬한 핵심 키워드

▶ 인물의 표정은 시청자의 감정 유도 장치

놀람, 긴장, 확신과 같은 감정은 시청자의 공감을 자극합니다. 얼굴을 노출하는 것이 부담스럽다면 인물 표정을 대체할 수 있는 이모티콘, 일러스트, 캐릭터 이미지를 활용해도 좋습니다.

▶ 상위 노출 썸네일 벤치마킹: 성공 공식에 나만의 색 입히기

조회수가 잘 터지는 썸네일에는 공통된 구성이 있습니다. 먼저 구조를 파악하고(모방) 이어서 나만의 스타일을 더해줘야(차별화) 합니다. 다음, 단계별로 그 과정을 더욱 자세히 알아보겠습니다.

1 · 1단계: 데이터 수집(모방의 준비)

유튜브의 썸네일을 막연히 훑어보는 것이 아니라 데이터를 모아서 한눈에 비교해야 패턴이 보입니다.

먼저 유튜브 알고리즘이 나의 시청 기록에 영향을 받지 않도록 구글 크롬의 시크릿 모드를 활성화(또는 로그아웃)한 후 유튜브에 접속합니다. 이어서 유튜브 홈 화면의 검색란에 업로드한 영상의 메인 키워드를 검색합니다(예 '다이어트 식단', '아이폰 리뷰') 다음 검색 결과 화면에서 조회수가 높은 상위 10~20개 영상의 썸네일을 캡처합니다(광고 영상은 제외).

마지막 캡처한 썸네일 이미지를 파워포인트, 포토샵 또는 피그마와 같은 그래픽 도구의 화면에 바둑판처럼 모아놓습니다(공통점과 차이점이 한눈에 들어옵니다).

반복되는 패턴을 발견했다면 체크리스트를 활용해 분석해 보세요.

확인사항	세부내용	기타
배치(Layout)	인물의 위치는 어느 쪽이 많은가?	보통 시선은 왼쪽에서 오른쪽으로 이동하므로 인물의 위치 및 텍스트는 왼쪽에 배치하여 먼저 읽히도록 하는 것이 효과적입니다.
	텍스트가 요소를 가리지 않고 여백에 잘 배치되어 있는가?	
색(Color)	주제별로 많이 사용된 배경색이 있는가?	IT 리뷰는 전문적인 느낌의 파란색 및 검은색, 브이로그는 감성적인 느낌의 베이지색을 많이 사용합니다.
	클릭을 유도하기 위해 사용된 포인트 색이 있는가?	경고와 충격은 빨간색, 신뢰 및 정보는 노란색 또는 형광 연두색을 많이 사용합니다.
시선 처리 (Eye Direction)	시청자와 눈을 마주치고 있는가?	강력한 클릭을 유도합니다.
	썸네일 속 특정 대상이나 텍스트로 시청자의 시선을 유도하고 있는가?	인물의 시선이나 손짓이 텍스트 또는 핵심 사물을 향하면, 시청자의 주의를 자연스럽게 해당 요소로 유도할 수 있습니다.
폰트 및 텍스트 (Font & Text)	모바일 화면에서 보아도 쉽게 읽힐 만큼 텍스트 크기가 충분히 크고 두꺼운가?	모바일 시청 비중이 높으므로 작은 화면에서도 잘 보이는 굵은 글씨체를 사용하는 것이 유리합니다.
	가독성을 높이기 위해 텍스트 배경색을 추가했는가?	글자와 배경의 명도 대비(밝고 어두움)를 확실히 주거나 텍스트에 배경색을 추가해 글자가 묻히지 않게 해야 합니다.
	자극적인 단어(후킹 문구)가 공통적으로 사용되었는가?	핵심 키워드로 짧게 요약한 후 '충격', '비밀' 등 호기심을 자극하는 단어를 배치합니다.

분석한 성공 공식을 그대로 모방하면 '아류'가 되지만 나만의 스타일로 새롭게 색을 입히면 '브랜드'가 됩니다. 큰 구조는 따르되 소스는 내 것으로 채워주세요! 조회수 상위 영상들의 썸네일이 '오른쪽 인물 배치'와 '왼쪽 큰 텍스트'의 구조라면 그대로 따르되 인물은 '나'로 변경하고 폰트는 내 채널에서 많이 사용하는 '전용 서체'로 바꿔주세요.

다음, 영상 썸네일의 텍스트 색상이 모두 노란색이라면 나는 채도를 좀 더 올려서 약간의 변주를 주고 내 채널의 고유색을 테두리로 적용해 줍니다(익숙함 속에 미묘한 차별점이 생깁니다).

마지막으로 비슷한 구도라도 나만이 지을 수 있는 독특한 표정이나 제스처를 사용해 표정의 차별화를 주세요. 시그니처 포즈가 만들어집니다.

> **Tip** **모방은 창조의 어머니**
> 똑같이 베끼는 것은 표절이지만, 구도, 색감, 문구의 배치(레이아웃)를 참고하는 것은 훌륭한 벤치마킹입니다. 잘 되는 영상의 '느낌'을 내 영상에 입혀보세요.

1-3

클릭을 유도하는 제목, 궁금증의 문장을 설계하라

▶ 제목은 영상의 첫 대사

시청자는 영상의 제목을 보고 내용을 유추하거나 '내가 이걸 봐야 할 이유'를 판단합니다. 따라서 제목은 정보 제공보다 호기심 자극에 초점을 맞춰야 합니다. 예를 들어 '3개월 만에 월 수익 500만 원? 진짜 방법 공개!'와 '앱 하나로 월 100만 원 벌었습니다(누구나 가능)' 등입니다.

● 시청 지속 시간을 연장하는 제목 구조

좋은 제목은 단순한 클릭을 넘어서 영상을 끝까지 보게 만드는 힘이 있습니다. 좋은 제목을 만드는 방법은 간단합니다. 결론을 숨기고 질문을 던지는 것입니다. 다음, 박스의 첫 번째 제목은 정보를 전달하지만 두 번째 제목은 내가 놓친 것이 무엇인지에 대한 궁금증을 자극합니다.

> ❶ 유튜브 수익 올리는 세 가지 방법. X
> ❷ 유튜브 수익이 오르지 않는 이유, 당신도 이 세 가지를 놓쳤습니다. O

결국, 시청자는 답을 얻기 위해 영상을 끝까지 보게 됩니다.

● 구체적인 수치와 기간으로 신뢰 확보

영상의 제목에 '3일', '한 달', '열 가지'와 같은 구체적인 숫자 표시는 내용의 신뢰도와 완결성을 높입니다. 시청자는 영상을 보면서 '이건 실제 사례구나'라고 느끼며 영상에 더 오래 머무릅니다.

● 과장보다 일관성

동영상의 썸네일과 제목은 시청자와의 약속입니다. 자극적인 제목으로 클릭을 유도해놓고 내용이 기대에 못 미친다면 시청자는 즉시 떠납니다. 이런 일이 여러 번 반복되면 시청 시간 하락과 알고리즘 노출 제한으로 이어져 채널 운영 악순환의 고리가 만들어집니다.

클릭률은 높지만 시청 지속 시간이 짧아지는 실패 패턴

▶ 과도한 자극어

'충격!', '소름!', '대박!'과 같은 표현은 일시적 클릭만 유도할 뿐 영상의 신뢰도를 떨어뜨립니다.

▶ 문장형 썸네일

텍스트가 많으면 시청자의 선택에서 제외될 확률이 높습니다. 다섯 글자 이하의 키워드 중심으로 제목을 짧게 정리하세요.

▶ 썸네일과 제목 그리고 콘텐츠 불일치

'이건 사기 수준!'이라 말해놓고 콘텐츠는 평범한 리뷰라면 시청자는 바로 보는 것을 중단합니다. 조회수보다 유지율이 중요하다는 점을 잊지 마세요.

썸네일과 제목의 최적화를 위한 꿀팁

▶ A/B 테스트

썸네일과 제목을 각각 두 버전으로 제작해 비교해 보세요. 유튜브 스튜디오에서 클릭률(CTR)과 시청 지속 시간을 함께 분석하면 '조회수는 높지만 유지율이 낮은 썸네일'과 '클릭률은 적어도 완시율이 높은 썸네일'을 쉽게 구분할 수 있습니다.

▲ A/B 테스트 결과 보고서 이미지(높은 점유율의 썸네일과 제목을 선정해 줍니다)

> **Tip** 썸네일 고민이 되면 2~3개의 썸네일을 커뮤니티에 게시해 구독자의 투표를 받아 보세요. 테스트 후 유튜브 시스템에서 선호도가 높은 썸네일을 자동으로 선정해 줍니다. 물론 자동 선정 전에 직접 선정도 가능합니다. 분석 결과를 바탕으로 클릭률이 높은 이미지로 썸네일을 설정해 주세요.

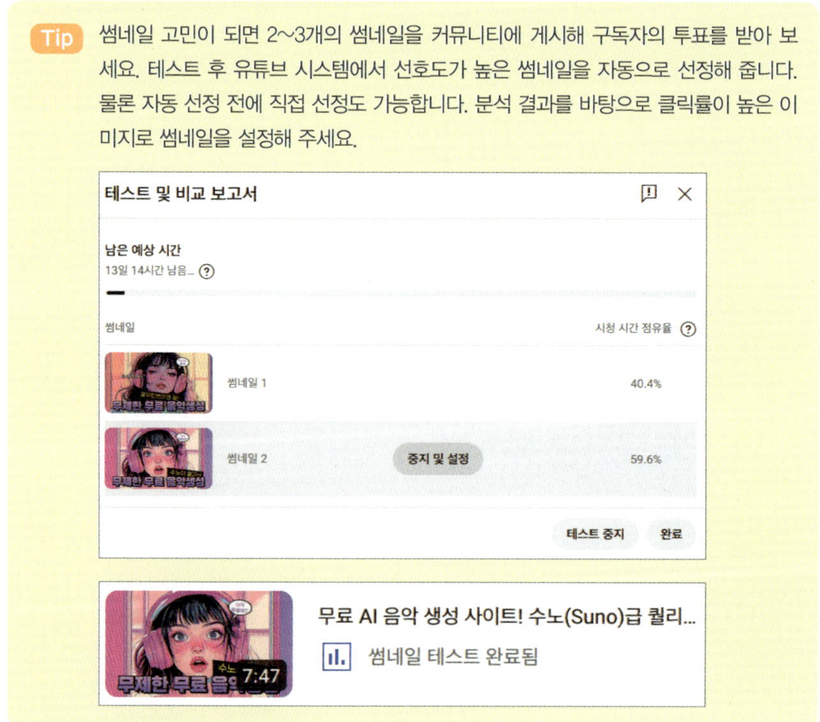

▶ AI 도구 활용: 제목부터 썸네일 생성까지 원스톱

영상 제목부터 썸네일 제작까지 AI 도구를 활용한 2단계 루틴을 소개합니다.

❶ 심리를 활용한 카피라이팅(기획)

가장 먼저 챗GPT에게 영상의 제목을 의뢰합니다. 이때 단순히 '제목 지어줘'라고 작성하지 말고 시청자의 관심을 끌 수 있는 심리적 포인트를 구체적으로 요청하세요.

> **프롬프트 예시**
> 내 영상 주제는 '무인도 생존기'야. 사람들이 꼭 보고 싶고 클릭하고 싶을 정도로 자극적이고 궁금한 제목 3개만 뽑아줘. 타깃은 20대 남성이야.

▼

> **AI 답변 예시**
> 1. 장비 없이 무인도 가면 3일 만에 죽는 이유
> 2. 절대 따라 하지 마세요(생존 확률 0%).
> 3. 무인도에서 100일 버티면 10억 드립니다. → 선택!

❷ AI로 '미스터 비스트' 스타일의 썸네일 생성(시각화)

1단계에서 선택한 자극적인 제목('무인도', '10억')을 시각화할 차례입니다. 촬영으로 구현하기 힘든 수억 원 규모의 세트장이나 극한의 표정도 생성형 AI는 1분 만에 만들어냅니다. 특히 글로벌 1위 유튜버 '미스터 비스트'의 성공 공식(과장된 표정, 비현실적인 상황, 높은 채도)을 그대로 적용해 보겠습니다.

나노 바나나 또는 챗GPT image 도구를 실행한 후 입력란에 썸네일로 생성할 사진 또는 이미지를 첨부하고 다음과 같이 프롬프트를 입력합니다.

> **프롬프트 예시**
> 유튜브 썸네일을 만들어줘. 미스터 비스트 스타일로 부탁해. 무인도에 갇힌 남자가 황금 보물상자를 안고 있고, 바다에는 상어 지느러미가 보여야 해. 남자의 표정은 아주 과장되게 놀란 표정(Exaggerated shocked face)이어야 하고, 색감은 아주 쨍하고 선명하게(Vibrant saturation), 텍스트는 '무인도에서 100일 버티기', 화면은 16:9 비율로 만들어줘.

▼

만약, AI가 생성한 이미지가 마음에 들지 않는다면 '또 다른 스타일로 부탁해'라고 요청하면 완전 다른 분위기의 이미지를 생성해 주기도 합니다.

썸네일의 인물 표정이 우울하고 처량했으면 좋겠어. 또한, 전체적인 분위기는 어두웠으면 해.

▼

AI가 생성한 이미지에는 다음 세 가지 요소가 반드시 추가되어야 시청자의 클릭률이 폭발합니다.

- **과장된 표정(Exaggerated expression):** 점잖은 미소는 클릭을 부르지 못합니다. 눈과 입을 비현실적일 정도로 크게 묘사하여 모바일의 작은 화면에서도 감정이 잘 전달되게 하세요.
- **선명한 채도(Vibrant saturation):** 썸네일 전쟁터에서 살아남으려면 색감이 쨍해야 합니다. AI에게 '채도를 높여줘', '조명을 드라마틱하게 해줘', '리얼하게 해줘'라고 꼭 요청하세요.
- **스토리텔링(Storytelling):** 단순히 얼굴만 보여주는 것이 아니라, '상어(위기)'와 '보물상자(보상)'를 함께 배치해 썸네일 한 장만 봐도 영상 내용이 궁금해지게 만드세요.

1-6

시청자의 클릭 이후, 마음을 사로잡는 전략
: '궁금증의 연쇄 설계'

훌륭한 썸네일과 매력적인 제목으로 시청자의 클릭을 유도했다면 진짜 성공은 시청자가 끝까지 영상을 완주하도록 만드는 데 있습니다. 방법은 간단합니다. 영상 시작부터 궁금증이 이어지는 구조로 설계해줘야 합니다.

썸네일–제목–인트로의 텍스트가 계속해서 궁금증으로 연결될 때 시청자는 궁금증을 해결하기 위해 영상을 끝까지 시청하고 동시에 알고리즘이 평가하는 '완시율(시청 완료율)'이 급상승하게 됩니다.

마무리

썸네일과 제목은 유튜브의 시청자에게 남기는 첫인상이자 알고리즘이 작동하는 출발점입니다. 시청자의 클릭을 유도하는 것도 아주 중요하지만 무엇보다 신뢰를 얻고 지키는 것이 채널 성장의 핵심입니다. 자극보다 진정성, 복잡함보다 명료함이 결국 유튜브 세계에서 더 오래 살아남습니다.

썸네일과 제목에 승부를 걸어라

유튜브를 실행한 후 시청자가 처음 마주하는 것이 바로 썸네일과 제목입니다. 아주 인기 있는 영상의 경우 100명에게 썸네일을 보여줬을 때 10명이 홀린 듯 클릭해서 봅니다(클릭률 10%). 이처럼 클릭을 충분히 유도할 수 있는 썸네일과 제목이라면 영상 내용으로 시청자를 사로잡으면 됩니다. 그러나 처음부터 시청자가 외면하는 썸네일과 제목은 아무리 콘텐츠 내용이 훌륭해도 빛을 발하지 못합니다.

- **썸네일**: 강렬한 이미지 · 간결한 텍스트 · 채널 아이덴티티
- **제목**: 호기심 유발 · 구체적 수치 · 영상 내용과의 일관성

내 동영상이 시청자의 시선을 끄나요?

시청자가 내 동영상을 선택하나요?

내 채널을 모르는 시청자의 입장에서 생각해 보세요. 어떤 동영상을 클릭하겠어요?

썸네일 표시 100회당 시청자가 내 동영상을 선택한 횟수가 7회입니다.

AI 도구로 콘텐츠 제작 시간 단축하기 : AI와 유튜브의 만남

유튜브 콘텐츠는 아이디어 구상, 대본 작성, 촬영, 편집, 썸네일 제작 등 여러 단계를 거쳐야 비로소 완성됩니다. 그래서 영상 한 편을 제작하는 데 최소 하루 이상의 시간이 소요되는 것은 어쩌면 당연한 일이었습니다. 그러나 최근 생성형 AI 기술이 급속히 발전하면서 그동안 많은 시간을 할애해야 했던 콘텐츠 제작 과정이 점차 단순화되고 있습니다.

영상 기획부터 편집까지: AI 도구 총정리

더 이상 콘텐츠 기획과 밤샘 편집의 늪에서 혼자 고군분투하지 마세요. 똑똑한 크리에이터들은 이미 'AI'라는 강력한 파트너를 활용해 혼자서 10명분의 작업을 거뜬히 해내고 있습니다. 1-1에서는 막막한 기획 단계부터 가장 번거로운 후반 작업까지 영상 제작의 전 과정을 혁신적으로 단축해 줄 AI 도구를 살펴보고 나에게 맞는 올바른 도구 선택 기준을 총정리해 드립니다.

1 · 콘텐츠 제작 단계별 추천 AI 도구

콘텐츠 제작의 각 단계마다 활용하기 좋은 AI 도구를 표로 정리했습니다. 각 도구의 특성을 파악하고 필요한 구간에 맞춰 선택해 적용하면 전체 제작 시간을 크게 단축할 수 있습니다.

제작 단계	주요 활용 분야	추천 AI 도구
아이디어 생성 & 리서치	트렌드 분석, 브레인스토밍	챗GPT, 클로드, 젠스파크, 그록(Grok)
스크립트 작성	대본 초안, 구어체 변환	챗GPT, 클로드
음성 & 내레이션	고품질 음성 합성, 다국어 더빙	일레븐랩스, 타입캐스트
영상 편집	편집, 비디오 생성, 특수 효과	프리미어, 캡컷, 인비디오
썸네일 & 그래픽	이미지 생성, 디자인 템플릿	미드저니, 이미지FX, 드리미나, 레오나르도
자막 & 번역	자동 자막, 실시간 번역	위스퍼 AI(Whisper AI), 오터 AI, 캡윙(Kapwing)
영상 제작	AI 영상 제작	소라(Sora), 베오 3(google flow), 클링

2 · AI 도구 선택 시 고려사항

AI 도구를 단순히 '무료냐 유료냐'로 판단하기보다 시간 절약 효과와 품질 향상 기여도를 함께 고려해 판단해야 합니다.

▶ 비용 대비 효율

초보자는 무료 버전으로 시작해 사용법을 익히다가 추후 구독형 모델로 전환하는 걸 추천합니다. 더불어 월 구독료를 내고 사용하는 것이 실제 작업 시간 절약과 콘텐츠 품질 향상에 도움이 되는지 반드시 검토해야 합니다.

AI 도구마다 사용법과 인터페이스가 다르기 때문에 처음에는 학습 시간이 필요한 경우가 많습니다. 시간을 조금 투자하더라도 장기적인 효율성을 고려해 선택해야 합니다.

▶ 결과물 품질

AI가 만든 결과물의 완성도는 도구마다 조금씩 차이가 있습니다. 특히 시청자가 민감하게 인식하는 음성, 자막, 영상 품질은 반드시 직접 사용하고 비교한 후 결정하는 것이 좋습니다.

> **Tip** 모든 AI 도구를 한 번에 도입할 필요는 없습니다. 가장 시간이 오래 걸리는 작업부터 AI로 자동화하는 것을 권장합니다.

1-2

AI로 완성하는 영상 기획과 스크립트

AI는 막막한 기획 단계부터 번거로운 대본 작성까지 영상 제작의 전 과정을 강력하게 지원합니다. 특히 대표적인 AI 도구 챗GPT, 제미나이, 클로드는 시청자의 반응 패턴을 고려한 자연스러운 문장 구성과 궁금증을 유발하는 논리적인 영상 흐름을 만들어내는 데 탁월한 성능을 보입니다. 이 도구들을 활용하면 혼자 머리를 싸매는 시간은 줄이고 콘텐츠의 질은 비약적으로 높일 수 있습니다.

하지만 아무리 뛰어난 AI라도 사용자가 어떻게 명령하느냐에 따라 결과물의 품질은 천차만별로 달라집니다. 본격적인 AI 도구 활용에 앞서 원하는 결과물을 빠르게 얻어내기 위해 프롬프트 작성의 핵심 원리를 살펴보겠습니다.

챗GPT, 제미나이, 클로드에게 명령할 때는 막연하게 말 걸듯이 질문해서는 안 됩니다. 유능한 비서에게 업무를 지시한다고 생각하고 다음 네 가지 요소를 명확히 포함해야 수정 없는 고품질의 결과물을 한 번에 얻을 수 있습니다.

❶ Role(역할 부여)

'너는 100만 유튜버의 전문 PD야', '노련한 마케터 입장에서 생각해 줘'처럼 AI에게 구체적인 페르소나를 입힙니다.

❷ Context(배경 설명)

내 채널의 주제, 타깃 시청자, 현재 상황 등 작업에 필요한 배경 지식을 제공합니다.

❸ Task(명확한 과업 지시)

'대본을 써줘' 대신 '도입부 후킹 멘트 세 가지를 작성해 줘'처럼 구체적인 행동을 요구합니다.

❹ Format(출력 형식 및 제약 조건)

분량, 말투(어조), 결과물의 형식(표, 리스트, 개조식 등)을 구체적으로 지정합니다. 다음, 프롬프트 예시를 참고해 주세요.

> **나쁜 프롬프트 예시**
> 김치볶음밥 만드는 유튜브 대본 좀 써줘.
> → 막연한 요청의 결과: 특징 없는 평이한 요리 레시피 나열

1 · 효과적인 유튜브 기획 프롬프트

❶ 아이디어 브레인스토밍 프롬프트

원하는 결과를 정확히 얻기 위해서는 프롬프트에 구체적인 요청 사항을 입력해야 합니다.

프롬프트 한 문장만으로도 수십 가지 기획안을 얻을 수 있으며, 특히 챗GPT, 제미나이, 클로드 모두 트렌드 파악에 능하여 '조회수 상승 가능성이 높은 주제' 중심으로 창의적인 아이디어를 제시합니다.

❷ 경쟁 채널 분석 프롬프트

경쟁 채널을 분석할 때도 구체적인 지시가 필요합니다.

AI 분석을 통해 동일한 주제를 다루더라도 '다른 각도에서 접근하는 콘텐츠 포지셔닝'을 쉽게 찾을 수 있습니다.

❶ 스크립트 기본 구조 예시

스크립트 역시 원하는 길이, 구성 요소, 어조 등을 상세히 지정해야 만족스러운 결과물을 얻을 수 있습니다. 다음은 스크립트의 기본 구조로 작성한 프롬프트 예시입니다.

> **프롬프트 예시 ❶**
> [주제]에 관한 [영상 길이]분 분량의 유튜브 스크립트를 작성해 주세요. 인트로(15초), 주제 소개(30초), 본문(3~4개 소제목), 결론(30초), 행동 유도 멘트(15초)의 구조로 구성해 주세요. 전체적으로 [채널의 어조/스타일]을 반영해 주세요.

> **프롬프트 예시 ❷**
> '초보자를 위한 주식 투자 원칙 다섯 가지'라는 주제로 친근한 말투, 실생활 예시 중심의 8분 대본을 작성해 주세요.

❷ AI 스크립트 수정 요청 예시

작성된 스크립트가 마음에 들지 않으면 수정을 요청할 수도 있습니다.

> **프롬프트 수정 예시**
> - 이 스크립트를 대화체로 바꿔 주세요.
> - 핵심만 남기고 5분 분량으로 줄여 주세요.
> - 시청자 이탈을 막기 위해 1분마다 요약 포인트를 추가해 주세요.

> **Tip** AI가 만든 스크립트는 초안일 뿐입니다. 대본에 자신의 경험과 사례를 덧붙여야 진짜 '나만의 이야기'가 됩니다.

AI 음성 합성과 더빙으로 내레이션 품질 높이기

최근 AI 음성 합성 기술은 실제 성우의 목소리와 거의 흡사할 정도로 엄청난 발전을 이뤘습니다. 특히 감정 표현, 발음 정확도, 리듬 제어 기능이 개선되어 전문 성우를 고용하지 않아도 높은 품질의 내레이션을 제작할 수 있습니다.

▶ AI 음성 추천 도구

도구명	특징	한국어 지원	비용
일레븐랩스	감정 표현이 섬세하고 자연스러움	지원	무료 플랜 있음 → 유료는 월 요금제(대략 US $5부터 시작)
타입캐스트	국내 서비스, 자연스러운 한국어	전문화	일부 무료 체험 가능 + 유료 요금제 존재 (대략 월 9,900원부터 시작)

▶ AI 음성 도구 참고 사항

일레븐랩스는 전 세계에서 가장 많이 사용하는 TTS(Text to speech) 도구 중 하나이며 한국어 서비스도 지원해 국내 유튜버들도 많이 활용하는 도구입니다. 특히 응답 속도를 극대화하여 시차 없는 소통을 지원하는 '초저지연 더빙'과 다국어 음성 에이전트 기능을 통해 국내 음성 AI 시장의 사용자 경험을 혁신할 계획입니다.

타입캐스트는 2026년 기준 국내에서 유튜버들이 가장 많이 사용하는 플랫폼이며 단순 음성 합성을 넘어 감정 표현, 말투 및 속도 조절, 멀티보이스 내레이션, 영상 더빙까지 가능한 종합 플랫폼입니다.

▶ AI 음성 도구 사용 방법

01 구글 또는 네이버 검색란에 '일레븐랩스'를 입력해 검색한 후 검색 결과를 클릭합
니다(이때 로고를 꼭 확인하고 해당 사이트에 방문합니다.).

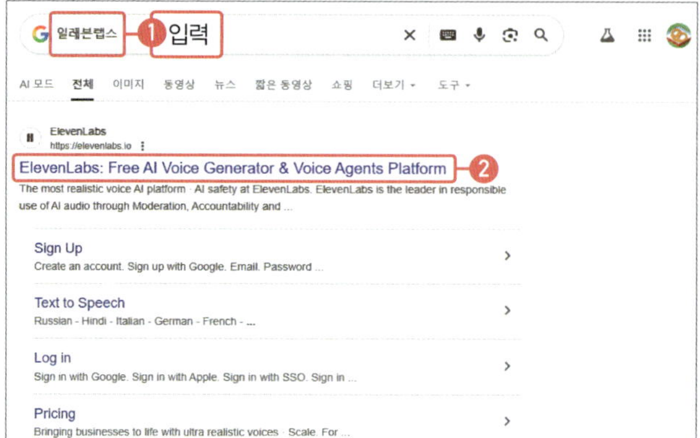

02 ElevenLabs 홈 화면이 나타나면 [Sign up] 버튼을 클릭합니다. Create on
account 화면에서 [Sign up with Google]을 클릭해 구글 계정으로 로그인을 시
도합니다.

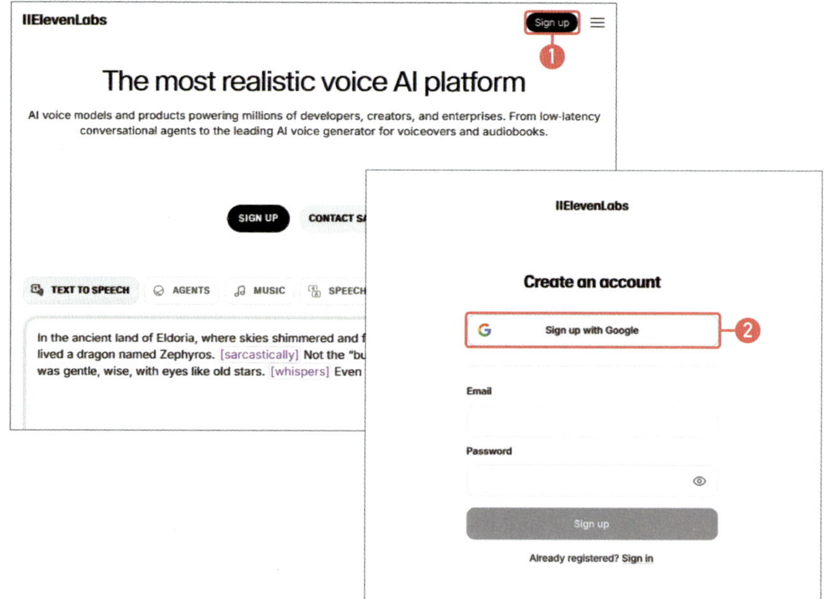

03 로그인을 완료한 후 음성 내레이션을 생성하기 위해 좌측 메뉴의 [Text to Speech]를 클릭합니다.

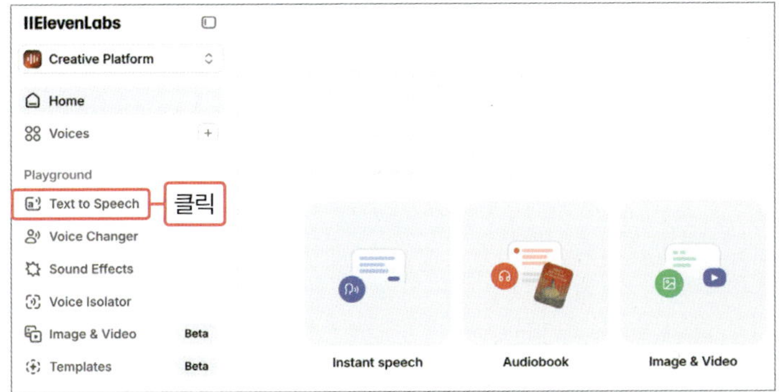

04 Text to Speech 화면이 나타나고 음성으로 출력할 대본을 입력한 후 우측 [Settings] 탭의 [Model] 영역에서 원하는 [Voice(목소리)]를 선택합니다. 모든 설정을 완료했다면 [Generate speech]를 클릭합니다.

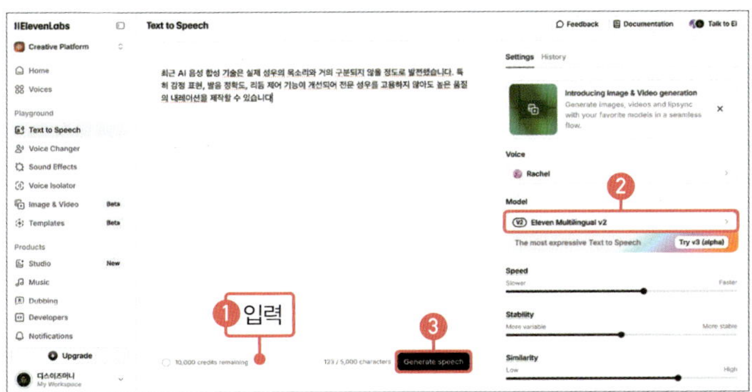

▶ AI 음성 도구 활용 예시

AI 음성 도구는 남녀노소를 아우르는 다양한 목소리를 제공해 얼굴을 공개하지 않는 보이스 채널 운영 및 교육형 콘텐츠의 다중 캐릭터 구성 또는 외국어 더빙을 통한 글로벌 시청자 확보에 활용할 수 있습니다.

> **Tip** AI 음성은 일정한 톤으로 대본을 읽기 때문에 감정이 추가되어야 하는 중요한 부분에는 직접 녹음한 음성을 섞거나 강약 조절 기능을 활용하면 훨씬 자연스럽게 들립니다.

AI 이미지 생성으로 썸네일 및 그래픽 제작하기

썸네일은 영상의 간판이자 클릭률(CTR)을 결정하는 가장 중요한 요소입니다. 그러나 디자인 감각이 없어서 고민이셨나요? 이제 AI 이미지 생성 도구와 디자인 편집 도구를 조합하면, 디자이너 없이도 시선을 사로잡는 완성도 높은 썸네일을 빠르게 제작할 수 있습니다

▶ AI 추천 도구: 이미지 생성부터 최종 편집까지

성공적인 썸네일 제작을 위해서는 '소스 이미지 생성'과 '텍스트 및 레이아웃 편집' 두 단계가 필요합니다. 각 단계에 최적화된 도구를 활용해 보세요.

❶ 나노 바나나 프로 & 챗GPT Images

생성형 AI를 이용해 썸네일의 배경이나 인물 이미지를 제작하는 단계입니다. 대화하듯 만드는 가장 쉬운 AI 도구로 복잡한 프롬프트 없이 생각나는 대로 입력하여 제작을 요청해도 찰떡같이 알아듣고 정확한 이미지를 만들어 줍니다. 텍스트 생성과 이미지 생성을 하나의 채팅창에서 오가며 작업할 수 있어 초보자에게 가장 직관적이고 편리합니다.

❷ 캔바 & 미리캔버스

생성된 이미지에 후킹 문구를 배치하고 전체적인 구도를 완성하는 단계입니다. 직관적인 인터페이스와 방대한 템플릿을 제공하는 디자인 도구로 AI 이미지 생성은 물론 클릭 한 번에 배경을 제거하는 '누끼 따기'와 불필요한 요소를 삭제하는 '매직 이레이저' 등 훌륭한 AI 편집 기능을 활용해 5분 만에 고퀄리티 썸네일을 완성할 수 있습니다.

▶ AI로 한 방에 끝내는 '완성형 썸네일'

최신 AI 도구들은 텍스트와 이미지를 조합해, 하나의 프롬프트만으로 썸네일 제작을 완성합니다. 다음 핵심 포인트만 기억하면 복잡한 고민 없이 클릭을 부르는 썸네일을 손쉽게 만들 수 있습니다. 핵심은 '구체적인 지시'에 있습니다. AI에게 썸네일 제작을 요청할 때는 이미지의 분위기뿐만 아니라 텍스트의 내용, 위치, 스타일까지 마치 디자이너에게 작업 지시서를 주듯 명확하게 요청해야 합니다. 다음 완성형 썸네일을 위한 프롬프트 작성의 핵심 요소와 예시를 살펴보겠습니다.

❶ 완성형 썸네일 프롬프트 4대 요소

완성형 썸네일을 한 번에 생성하려면 반드시 고려해야 할 네 가지 요소가 있습니다. 먼저, 전체적인 분위기와 스타일에 대한 요청이 필요합니다. 예를 들어 16:9 비율, 전문적이면서 트렌디한 톤, 다큐멘터리 스타일 등이 이에 해당합니다.

이어서 핵심 이미지 요소를 구체적으로 제시해야 합니다. 자신감 넘치는 30대 전문직 남성이나 현대적인 사무실 배경과 같이 이미지의 중심이 될 대상을 명확히 하는 것이 중요합니다. 마지막으로 색상 팔레트와 조명에 대한 요청이 필요합니다. 청색과 주황색의 강렬한 보색 대비나 극적인 조명 연출 등이 대표적인 예입니다.

❷ 텍스트 내용 및 스타일(가장 중요)

텍스트 내용 및 스타일은 썸네일 프롬프트에서 가장 중요한 부분으로 썸네일에 실제 들어갈 문구를 짧고 강렬하게 정확히 명시해야 하며, 폰트의 느낌(굵은 고딕, 손글씨 등), 색상, 크기, 배치 위치를 자세히 지정해줘야 합니다. 다음은 위의 사항을 모두 포함한 완성형 썸네일 프롬프트 예시입니다.

▶ AI가 만든 결과물, 200% 활용 팁

AI가 생성한 썸네일이 마음에 쏙 들 수도 있지만, 어딘가 조금 아쉬울 수도 있습니다. 이럴 땐 다음 팁을 활용하세요. 같은 프롬프트라도 매번 조금씩 다른 결과물이 출력됩니다. 마음에 드는 구도와 텍스트 배치가 나올 때까지 여러 번 이미지 생성을 시도해 보세요.

만약 생성된 이미지의 텍스트가 약간 어색하거나 오타가 있다면 캔바(Canva) 또는 포토샵과 같은 편집 도구로 가져가 텍스트 부분만 간단히 수정해 보세요. 이 과정만으로도 결과물의 완성도를 한층 높일 수 있습니다. 이후에는 AI가 제안하는 다양한 구도와 텍스트 디자인을 참고해 새로운 아이디어를 얻고, 이를 바탕으로 더 정교한 프롬프트를 설계해 볼 수 있습니다.

오늘 당장 복잡한 디자인 툴 없이도 프롬프트 하나로 전문가 수준의 완성형 썸네일을 손쉽게 만들어 보세요.

자막과 번역: 글로벌 시청자와 연결하기

AI 기술의 발전으로 언어의 장벽이 무너졌습니다. 이제 자동 자막 생성은 기본이고 AI 번역과 더빙을 이용해 전 세계 시청자에게 내 영상을 보도록 할 수 있습니다. 편집 시간은 획기적으로 줄이면서 시청자 범위는 전 세계로 뻗어나갈 수 있는 핵심 도구와 전략을 소개합니다.

▶ AI 추천 도구: 자막 및 더빙

단순 자막 생성을 넘어 영상의 성격과 부합하는 최적의 AI 도구를 선택하세요.

❶ 캡컷(유튜버 필수 추천 도구)

내 채널이 숏폼이나 릴스를 주력으로 한다면 가장 강력한 도구입니다. 모바일과 PC 어디서든 [자동 캡션] 버튼 하나만 누르면 최신 유행하는 트렌디한 디자인의 자막이 1분 만에 완성됩니다.

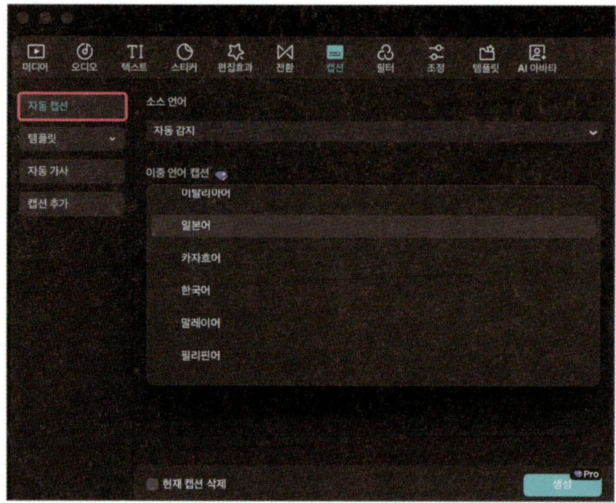

▲ 캡컷 자동 캡션 설정 화면

❷ 브루(대한민국 유튜버 필수 도구)

한국어 음성 인식률이 뛰어난 도구입니다. 단순히 자막만 추가하는 것이 아니라 '컷 편집'과 '자막 작업'을 동시에 진행할 수 있어 작업 속도가 배로 빨라집니다. 최근에는 번역 기능 및 AI 목소리 기능도 대폭 강화되어 활용도가 매우 높습니다.

▶ 글로벌 확장을 위한 AI 번역 및 SEO 전략

자막만 추가한다고 외국인이 보지 않습니다. 그들이 내 영상을 '발견'하고 '편안하게' 즐길 수 있도록 만들어줘야 합니다.

❶ 맥락을 살리는 번역(제미나이, 챗GPT, 클로드)

단순 직역은 감동을 주지 못합니다. 제미나이 또는 챗GPT에게 '이 문장은 한국의 인터넷 유행어인데, 미국 10대가 쓰는 자연스러운 슬랭(Slang)으로 의역해 줘'라고 요청하세요. 문화적 뉘앙스까지 완벽하게 번역하여 외국인 시청자의 댓글을 이끌어냅니다.

유튜브의 혁신적인 기능인 '다국어 오디오'를 놓치지 마세요. 이는 하나의 영상 파일에 한국어뿐만 아니라 영어, 스페인어, 일본어 등 여러 언어의 음성 트랙을 동시에 탑재하는 기능입니다. 미국 시청자가 내 영상을 클릭하면 유튜브가 자동으로 영어 더빙을 재생해 줍니다. 시청자는 자막을 읽는 피로감 없이 모국어로 영상을 '듣게' 되므로 시청 지속 시간이 비약적으로 상승합니다(유튜브 스튜디오의 [언어] 메뉴에서 [언어 추가]를 통해 이용 가능).

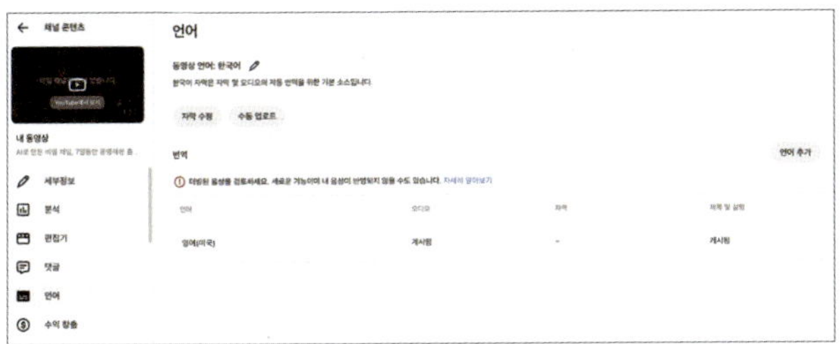

▲ 유튜브 스튜디오의 언어 메뉴

❸ 제목과 설명란의 현지화(SEO)

영상 내용의 요약을 AI에게 부탁한 뒤, 타깃 국가(예 미국, 일본)의 현지 인기 검색 키워드를 포함해 해당 국가의 언어로 제목과 설명란을 번역해 업로드하세요.

> **Tip** AI의 인식률이 아무리 높아도 100%는 아닙니다. 특히 브랜드명, 인명, 전문 용어에서는 오타가 자주 발생하므로, 최종 업로드 전에 반드시 사람의 눈으로 한 번 더 검수하는 것을 추천합니다.

1-6

AI 편집 도구로 후처리 시간 단축하기

편집은 유튜브 제작 과정에서 가장 많은 에너지를 소모하는 '병목 구간'입니다. 하지만 최신 AI 편집 도구를 잘 활용하면 지루한 반복 작업을 자동화하여 후처리 시간을 절반 이하로 줄일 수 있습니다.

▶ AI 추천 도구: 영상 편집

나의 상황에 맞는 AI 도구를 선택하여 편집의 효율성을 극대화해 보세요.

❶ 캡컷(숏폼 및 입문자 최적화)

스마트폰과 PC를 오가며 가장 빠르고 직관적으로 편집할 수 있는 도구입니다. 복잡한 기술 없이도 AI가 배경을 지워주거나(오려내기), 유행하는 템플릿을 적용해 트렌디한 영상을 순식간에 만들어냅니다. 특히 강력한 자동 자막 기능 덕분에 숏폼 제작에 필수적입니다.

❷ 어도비 프리미어(전문가 및 디테일 편집)

영상 편집의 표준인 프리미어에도 강력한 AI 기능이 탑재되었습니다. 특히 '텍스트 기반 편집' 기능은 혁명적입니다. 영상을 텍스트로 받아적은 뒤, 워드 문서를 수정하듯 텍스트를 지우면 해당 영상 구간이 자동으로 삭제됩니다.

▶ 편집 시간을 줄이는 AI 자막 기능 활용법

AI 도구의 기능을 100% 활용하면 단순 노동에서 해방될 수 있습니다. 이를 실제로 어떻게 활용할 수 있는지 캡컷을 중심으로 알아보겠습니다.

❶ 음성 텍스트 변환(STT) 및 자동 자막

AI가 영상 속 음성을 빠르게 분석해 자막을 생성해 줍니다. 기존에 직접 자막을 입력해 싱크를 맞추던 '막노동' 작업이 사라진 겁니다. 캡컷과 프리미어 모두 높은 정확도를 자랑하며 생성된 자막은 자유롭게 스타일을 수정할 수 있습니다.

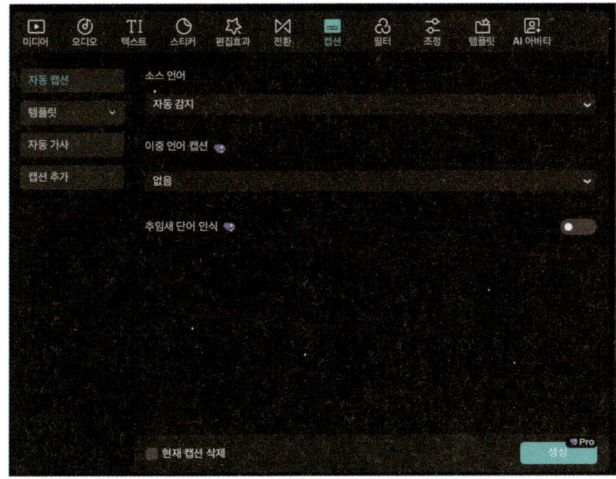

▲ 캡컷 자막 생성 화면

❷ 텍스트 기반 컷 편집

[타임라인] 패널에서 영상을 하나씩 재생하고 돌려보며 편집하는 대신 스크립트를 확인한 후 불필요한 부분을 삭제하는 방식으로 컷 편집을 완료할 수 있습니다.

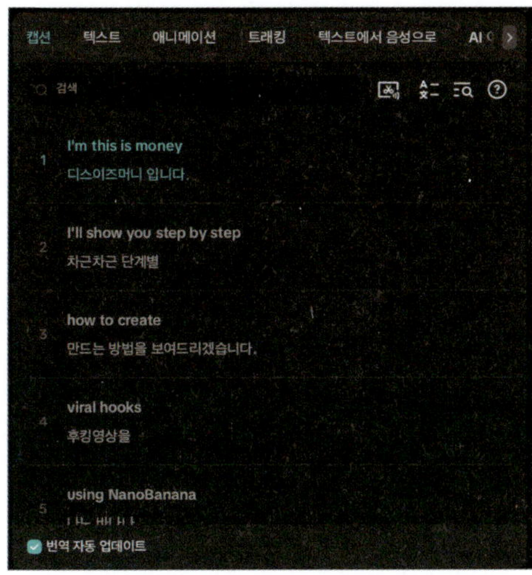

▶ 캡컷에서 영상의 음성을 텍스트로 확인한 후
편집하는 화면

단순한 목소리 보정을 넘어 AI가 평범한 녹음 파일을 '전화기 너머의 목소리', '넓은 홀에서 울리는 소리', '마이크 안내방송' 등 특정 공간이나 상황에 맞게 음성 필터를 적용해 순식간에 변환해 줍니다. 복잡한 오디오 믹싱 기술 없이 클릭 한 번으로 영상의 현장감과 몰입도를 극대화할 수 있습니다.

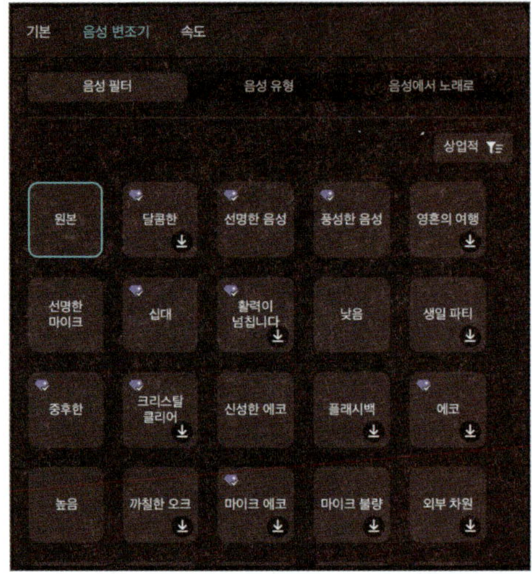

▶ 캡컷의 음성 필터 모음 화면

▶ 반복 작업을 줄이는 '편집 자동화' 루틴

영상마다 자막 폰트를 매번 다르게 선택하고 인트로를 새로 만드는 건 상당히 비효율적입니다. 캡컷의 기능을 활용해 나만의 '영상 편집 시스템'을 만드세요.

❶ '프로젝트 복제'로 템플릿 만들기

인트로, 아웃트로, 자막 스타일과 배경음악 설정이 완료된 '기본 프로젝트'를 완성한 후 새 영상을 만들 때마다 이 프로젝트를 '복제(Duplicate)'하여 내용만 교체하면, 처음 설정 시간을 100% 절약할 수 있습니다.

프로젝트 복제

캡컷 홈 화면의 [프로젝트] 영역에서 다음과 같이 영상 썸네일의 ●●●을 클릭한 후 바로가기 메뉴가 나타나면 [복제]를 선택합니다. 기본 영상 설정이 완료된 프로젝트를 '복제'하면 매번 새롭게 다시 설정할 필요가 없어 간편합니다.

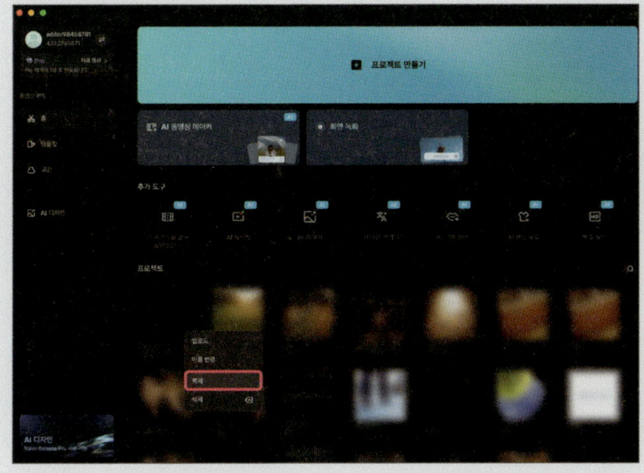

❷ 단축키(Shortcuts) 커스텀

'자르기(Split)', '삭제(Delete)' 등 편집에서 가장 많이 사용하는 기능은 손이 가장 편한 키보드의 키(예 S 키, D 키)로 변경하세요. 마우스 이동 횟수만 줄여도 편집 속도가 2배 빨라집니다.

마무리

AI는 단순히 시간을 절약하는 기술이 아닙니다. 유튜브 제작의 전 과정을 효율적으로 도와주고 창작자가 좀 더 중요한 일에 집중할 수 있게 돕는 혁신적인 파트너입니다. 반복 작업은 AI 도구에게 맡기고 창의적인 판단과 스토리텔링에 사람의 감각을 더해야 합니다. 이 두 요소의 결합이야말로 유튜브 채널 성장의 핵심 전략입니다.

영상 최적화 SEO의 중요성
: 제목, 설명, 태그, 비디오 태그 작성법

유튜브 채널 운영에서 영상의 퀄리티가 기본 조건이라면 SEO는 성장을 가속하는 페달입니다. 메타데이터만 제대로 설계해도 영상의 추가 조회수 및 장기 검색을 통한 시청자 유입을 확보할 수 있습니다. 대부분 SEO를 소홀히 여기지만, 다양한 유튜브 채널 컨설팅 경험을 바탕으로 SEO만 잘 챙겨도 유튜브 상위 노출과 지속적인 시청자 유입이 가능합니다. 본문에서 안내하는 절차를 체크리스트처럼 반복해 적용하길 바랍니다.

유튜브는 제목, 설명, 태그 같은 메타데이터와 SRT 등의 비디오 태그(자막) 텍스트를 분석하여 검색 노출 대상을 결정합니다. **Lesson 03** 에서는 제목, 설명, 태그, 해시태그, 비디오 태그를 중심으로 SEO 최적화 방법에 대해 살펴보겠습니다(예시 키워드는 '무료 이미지'를 사용하겠습니다).

제목: 클릭과 검색을 동시에 잡는 설계

▶ 왜 제목이 중요할까?

시청자는 유튜브 홈 화면에서 썸네일과 제목을 빠르게 확인한 후 동영상의 시청 여부를 결정하고, 유튜브 알고리즘은 영상 제목에서 주제, 대상 검색어, 의도를 파악해 노출하기 때문에 제목은 굉장히 중요한 요소입니다.

▶ 제목 작성 원칙

❶ 핵심 키워드 전방 배치

모바일 화면의 비율로 텍스트 잘림(약 50자 전후)을 고려해 핵심 키워드는 앞부분에 배치합니다.

❷ 100자 이내 길이 권장

제목은 검색 노출을 고려해 너무 길지도 짧지도 않은 100자 이내(핵심은 50자 내에 전달)를 권장합니다.

❸ 구체성 · 시의성 · 수치 사용

'2026 최신', '다섯 가지', '3배'와 같은 구체적이면서 시의적 특성을 담은 단서를 제공해야 합니다.

❹ 콘텐츠 내용과 일치

제목에서 약속한 정보가 영상의 내용에 반드시 포함되어야 합니다. 불일치 시 시청 지속시간 하락으로 역효과가 발생합니다.

앞에서 설명한 제목 작성 원칙을 활용해 만든 제목을 참고하여 영상 제목을 생성해 보세요.

- 무료 이미지 사이트 총정리 | 2026년 최신 가이드
- 상업용 OK! 무료 이미지 7곳 – 저작권 걱정 끝

1-2

설명란: 검색 신호와 영상 체류 시간을 동시에 강화

▶ 왜 설명란이 중요할까?

유튜브는 영상의 제목과 더보기의 설명을 함께 분석하여 노출 키워드를 판별합니다. 시청자는 설명에서 영상의 개요와 링크, 타임스탬프를 확인하며 영상에 더 오래 머물게 되기 때문에 반드시 챙겨야 하는 중요한 요소입니다.

▶ 설명란 작성 절차

설명란 작성 절차는 크게 네 단계로 나뉩니다. 먼저 첫 문장 150자 이내에 영상의 핵심 내용을 요약해 배치합니다. 설명란 앞부분에 핵심을 작성하는 이유는 해당 영역이 채널 검색 결과 미리보기에 반영되기 때문입니다(예 국내외 상업용 무료 이미지 사이트 5곳을 소개합니다. 저작권 걱정 없이 바로 활용하세요).

다음으로 핵심 키워드를 2~3회 정도 자연스럽게 포함합니다. 다만 키워드를 과도하게 반복할 경우 시청자 이탈을 유발할 수 있으므로 주의해야 합니다.

이후에는 참고 링크나 사용 시 주의사항 등을 구조화해 정리하고 마지막으로 중요한 부분에 타임스탬프를 추가해 시청자의 탐색 편의성과 만족도를 높입니다(예 00:00 인트로, 01:30 사이트 1, 03:00 주의사항).

태그(Tag): 성공적인 알고리즘 분류를 위한 숨은 전략

▶ 왜 태그가 중요할까?

유튜브의 태그는 비공개 메타정보이지만 영상의 주제 분류와 검색 시 노출에 아주 큰 도움을 주기 때문에 놓쳐서는 안 될 중요한 요소입니다.

▶ 태그 사용 원칙

태그는 영상과 관련된 키워드의 나열처럼 보여도 나름의 사용 원칙이 있습니다. 먼저 메인 키워드는 1순위로 배치합니다(예 무료 이미지, 이미지 사용 등).

다음 핵심 키워드의 연관된 단어 및 수식어를 붙여 롱테일로 확장합니다(예 저작권 없는 이미지, 상업용 무료 사진, 무료 이미지 다운로드). 이때 중복 및 스팸 키워드는 불가입니다(동일한 키워드를 계속해서 반복하는 건 비효율적 방법이니 사용을 삼가주세요).

마지막 vidIQ, 튜브버디 등의 프로그램을 이용해 경쟁 채널의 상위 영상 태그 패턴을 참고합니다.

해시태그(#): 공개 노출용, 3~5개로 간결하게

▶ 왜 해시태그가 중요할까?

태그는 유튜브 알고리즘에게 '이 영상이 어떤 주제인지'를 명확히 알려주는 명찰과 같습니다. 정확한 태그 설정은 검색 엔진 최적화(SEO)를 도와 내 영상을 찾고 있는 잠재 시청자에게 콘텐츠가 도달하도록 만드는 핵심 연결고리 역할을 합니다.

● 해시태그 개념 구분

태그와 해시태그는 이름만 비슷할 뿐 완전히 다른 역할을 수행합니다.

- 태그(Tag): 비공개 메타데이터입니다.
- 해시태그(#): 설명란과 제목 상단에 공개적으로 표시되어 시청자의 추가 탐색 유입을 만듭니다.

● 해시태그 운영 팁

해시태그 운영 시 참고하면 좋은 몇 가지 포인트가 있습니다. 먼저 영상과 직결되는 해시태그는 우선적으로 작성해 줍니다(예 #무료이미지, #저작권없는이미지).

해시태그는 과하면 독이 됩니다. 3~5개 정도의 키워드를 권장하며, 15개 이상 작성 시 무효 처리의 위험이 있습니다.

마지막 한글 이외에 해외 시청자 유입을 고려하여 글로벌 해시태그도 함께 작성합니다(예 #CreativeCommons)

● SEO 작성 핵심 요약

앞에서 설명한 제목, 설명란, 태그 등의 작성 원칙 및 중요 포인트를 참고하여 정리하면 다음과 같습니다.

> **제목: 핵심 키워드를 앞세워 시청자가 궁금해할 만한 정보를 담습니다.**
> 예 무료 이미지 다운로드 꿀팁 – 2026 저작권 걱정 없는 이미지를 얻는 방법
>
> **설명란: 첫 문장 150자에 포인트를 배치하고 타임스탬프, 추가 링크 등을 제공해 시청자가 영상에 오래 머무르도록 유도합니다.**
> 예 이 영상은 누구나 자유롭게 사용할 수 있는 무료 이미지 사이트를 소개합니다.
> 많은 분이 이미지 저작권 문제로 고민하실 텐데요,
> 2026년 최신 트렌드를 반영한 무료 이미지 활용법을 알려드리겠습니다.
> 영상 보시고, 다양한 사이트에서 무료 이미지를 다운받아 활용해 보세요!
>
> **태그: 유튜브 알고리즘이 영상을 정확하게 분류하도록 키워드를 체계적으로 배치하세요.**
> 예 무료 이미지, 저작권 없는 이미지, 무료 사진 다운로드 등

유튜브 SEO 최적화 작성 도구 활용하기

▶ SEO 최적화 도구란?

AI 기반 도구(또는 vidIQ, 튜브버디 등)로 제목, 설명, 태그를 자동 분석 및 추천해 검색 시 영상 노출의 최적화를 돕습니다. 클릭 한 번으로 30분 이상 소요되는 분석 및 최적화 작업을 30초 안에 끝내줍니다.

▶ SEO 최적화 작성 도구 주요 기능

❶ 키워드를 입력하면 제목과 설명을 자동 제안

검색란에 예를 들어 '블로그 운영 방법'과 같은 키워드를 입력하면 '하루 10분 투자로 블로그 운영하는 방법' 등의 적절한 제목과 설명을 추천해 줍니다.

❷ 기존 영상의 설명이나 키워드를 입력하면 개선안을 제시

기존 영상의 키워드를 입력하면 새로운 최적화 콘텐츠를 생성해 줍니다. 뿐만 아니라 기존 영상의 설명을 입력하면 최적화된 버전으로 설명을 개선해 줍니다.

▶ 유튜브 SEO 최적화 작성 도구의 특징

SEO 작성으로 몇 시간이 소요되는 작업을 짧은 시간 안에 처리해 줍니다. 성공 사례(대박 영상)들의 패턴을 빠르게 분석해 제안합니다. 마지막 유튜브 알고리즘 변화에 빠르게 대응합니다.

유튜브 SEO 최적화 작성 도구의 자세한 사용 방법은 [Appendix]를 참고해 주세요.

유튜브 상위노출 최적화 전문가가 SEO 상위1프로 대신 써드려요

작성자: 애드메이커 &

💰 연봉 3억을 달성한 유튜브 상위노출 SEO 전문가의 진짜비법을 공개합니다!!
🚀 유튜브 SEO 최적화로 영상 상위노출을 원하는 분들을 위한 필수 전략을 전수해드립니다. ☑️ 키워드 전략, 경쟁 분석, 콘텐츠 최적화까지 실제 검증된 방법으로 채널 성장을 도와드립니다. 지금 바로 adrank.kr에서 확인하세요! 🌟"

유튜브 SEO 최적화를 위한 기초적인 가이드를 간략하게 알려주...

제작하고 싶은 주제와 노출하고 싶은 메인키워드를 입력해주세요

작성한 설명을 기반으로 제목,설명,태그 정리해드립니다

블로그 운영하는 방법에 대한 영상을 만들꺼야

제목:

하루 10분 투자로 성공하는 블로그 운영 방법 🚀 | 초보부터 수익화까지!

설명:

블로그를 운영하고 싶은데 어디서부터 시작해야 할지 막막하신가요? 🤔 블로그는 단순한 기록 공간이 아니라, 꾸준히 운영하면 수익을 창출할 수 있는 강력한 플랫폼이 될 수 있습니다! 이번 영상에서는 완전 초보도 쉽게 따라 할 수 있는 블로그 운영 방법부터 수익화 전략까지 알려드릴게요.

지금 블로그를 시작하면 검색 유입을 늘리고, 방문자를 모아 광고 수익을 얻거나, 내 사업을 홍보할 수도 있습니다. 중요한 건 꾸준한 운영과 **SEO 최적화 전략!** 오늘 영상에서 블로그를 어떻게 효과적으로 운영할 수 있는지 **A부터 Z까지** 알려드릴 테니 끝까지 시청하세요! 🎬

💡 이 영상에서 다루는 내용
✅ 블로그 개설하는 방법 (네이버 블로그, 티스토리, 워드프레스 비교)
✅ 블로그 주제 정하기 (수익을 낼 수 있는 인기 주제는?)
✅ SEO 최적화로 검색 상위 노출하는 방법
✅ 매력적인 글 제목 & 본문 작성법
✅ 방문자를 늘리는 꿀팁과 수익화 전략 💰

유튜브 키워드 분석 도구 활용하기

1 · 유튜브 키워드 분석 도구란?

유튜브 키워드 분석 도구는 AI 기술을 활용해 실시간 키워드 트렌드를 분석하고 결과를 참고하여 최적화된 검색 노출 전략(SEO)을 세우도록 돕는 도구입니다. 대표적인 도구로 vidIQ, 튜브버디, 필자 자체 개발형 AI 키워드 분석기가 있으며, 유튜브 키워드 분석 도구는 채널 운영자가 직접 데이터를 찾지 않아도 AI가 대신 시장을 분석하고 콘텐츠 방향을 제시해 주는 시스템이라 할 수 있습니다.

2 · 키워드 분석 도구 주요 기능

키워드 분석 도구의 주요 기능을 살펴보면 다음과 같습니다.

▶ 실시간 키워드 트렌드 분석

매일 매일 바뀌는 검색의 흐름을 빠르게 파악할 수 있습니다. 예를 들어 'AI 영상 제작'을 입력하면 'AI 광고', 'AI 쇼츠', 'AI 보이스' 등 현재 급상승 중인 연관 검색어를 함께 제시해 보여 줍니다. 결과 데이터를 참고해 다음 콘텐츠 방향에 대해 긴 고민없이 결정할 수 있습니다.

▶ 경쟁이 낮은 틈새 키워드 발굴

조회수는 높지만 경쟁이 과열된 키워드는 피하는 것이 좋은데, 키워드 분석 도구를 활용하면 각 키워드의 경쟁 수준과 조회 잠재력을 수치로 빠르게 확인할 수 있어 대비가 가능합니다. 예를 들어 '유튜브 알고리즘'은 경쟁이 높지만, '유튜브 알고리즘 업데이트 2026'은 경쟁이 낮고 트렌드성이 높아 상위 노출에 유리합니다.

▶ 검색 노출 가능성 예측 시스템

키워드 분석 도구는 검색량, 클릭률, 경쟁도를 종합하여 노출 가능성 점수(Exposure Score)를 제공합니다. 이 지표를 기준으로 영상의 주제를 선택하면 단순한 감각보다 성과 예측이 가능한 콘텐츠 기획이 가능합니다.

▶ 연관 키워드 자동 추천

하나의 키워드를 중심으로 수십 개의 세부 키워드가 자동 제시됩니다. 예를 들어 '유튜브 SEO'를 입력하면 '유튜브 제목 최적화', 'AI 키워드 분석', '조회수 증가 방법' 등 다양한 키워드가 함께 추천되어 새로운 영상 아이디어의 범위를 확장하는 데 좋습니다.

3 · 키워드 분석 도구 장점

키워드 분석 도구의 장점을 정리하면 다음과 같습니다.

❶ 데이터 기반 의사결정

추측이 아닌 실제 검색 데이터를 바탕으로 콘텐츠 방향을 설계할 수 있습니다.

❷ 경쟁력 높은 키워드 선별

단순히 인기 있는 키워드가 아닌, 검색 수와 경쟁도를 함께 고려해 노출 가능성이 높은 키워드를 추천합니다.

❸ 시간 절약과 자동화

클릭 몇 번으로 리서치 과정을 손쉽게 자동화할 수 있습니다.

❹ 트렌드 대응력 강화

최신 검색 흐름을 즉각 반영해 조회수 상승 기회를 놓치지 않도록 지원합니다. 키워드 분석 도구는 유튜브 알고리즘이 콘텐츠를 추천하는 데 필요한 신호를 강화하는 도구이며 그 결과 노출, 클릭률, 체류 시간이라는 핵심 지표에 긍정적인 영향을 미칩니다.

유튜브 키워드 분석 도구의 자세한 사용 방법은 [Appendix]를 참고해 주세요.

유튜브 키워드 분석기

작성자: 애드메이커 &

유튜브 키워드 분석기는 유튜브에서 상위 노출을 원하는 사용자들을 위한 도구입니다. 이 GPT는 사용자가 입력한 키워드를 분석하여 현재 검색량과 경쟁 상황을 바탕으로 효과적인 키워드 조합을 추천합니다.

무료이미지

분석하려는 키워드를 입력하세요.

🔍 키워드 분석: "무료이미지"

- **검색량:** 높음 (월간 50K~100K 검색)

- **경쟁도:** 높음 (관련 콘텐츠 많음)

- **트렌드:** 꾸준한 검색 수요 있음, 특히 블로그/유튜브 제작자들이 자주 검색

- **관련 키워드:** "저작권 무료 이미지", "무료 이미지 사이트", "상업용 무료 이미지"

📌 더 나은 키워드 조합 10개

1. 무료 이미지 사이트 추천

2. 저작권 무료 이미지 모음

3. 상업용 무료 이미지 다운로드

4. 무료 사진 사이트 순위

5. 저작권 없는 이미지 찾기

4 · 함께 사용하면 좋은 확장 프로그램

웹 브라우저 확장 프로그램인 튜브버디나 vidIQ를 활용하면 유튜브 검색의 직접 검색량과 경쟁도를 확인할 수 있습니다. 예를 들어 튜브버디에서 'AI 영상 제작'을 검색하면 즉시 검색어의 검색량(High/Medium/Low)과 경쟁도 점수(0~100)가 표시됩니다. 이때 '검색량은 높고 경쟁도는 낮은' 키워드를 선택하면 동영상 상위 노출 확률이 급격히 상승합니다.

◉ 키워드 분석 도구 설치하기

❶ 확장 프로그램 설치 방법(vidIQ, 튜브버디)

01 vidIQ와 튜브버디는 크롬 확장 프로그램에서 검색해 설치할 수 있습니다. chrome 웹 스토어 확장 프로그램에 접속한 후 검색란에 'vidIQ'를 입력하고 검색 결과를 클릭합니다.

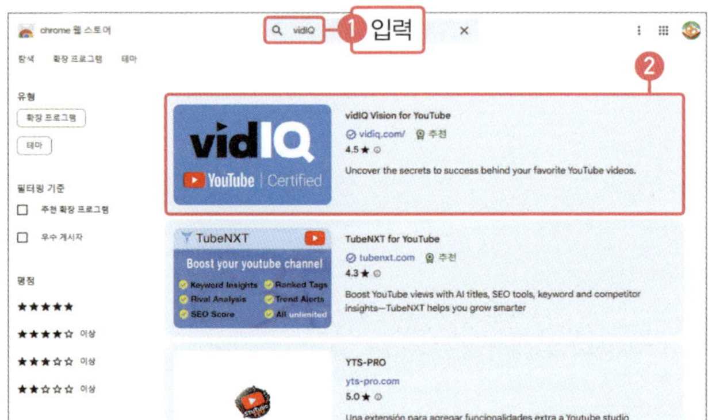

02 설치 화면이 나타나면 [Chrome에 추가] 버튼을 클릭해 설치합니다.

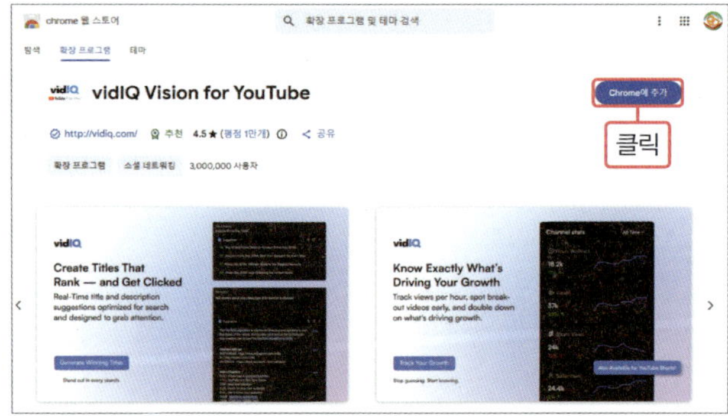

03 튜브버디도 동일한 방법으로 확장 프로그램을 설치해 줍니다.

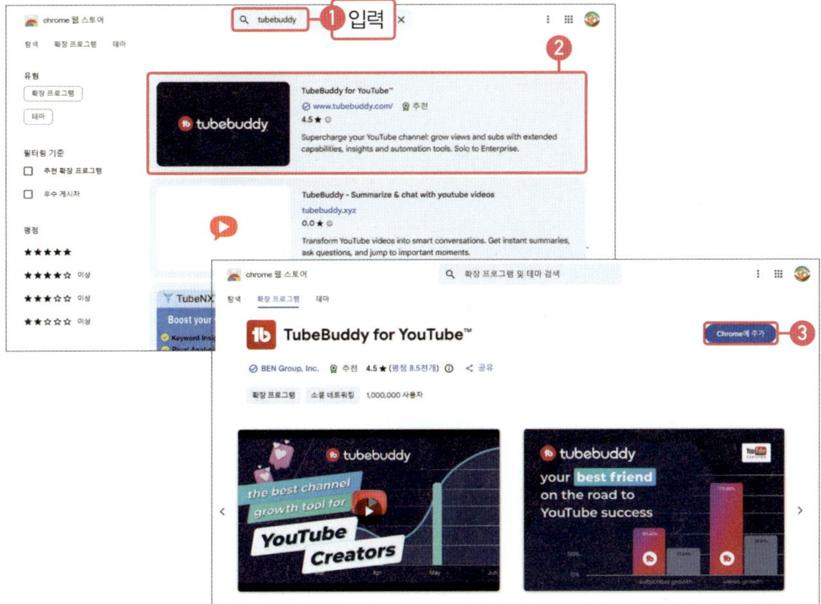

❷ vidIQ 웹 사이트 접속 방법

01 구글 크롬 또는 네이버 검색란에 'vidiq'를 입력해 검색한 후 검색 결과를 클릭합
니다.

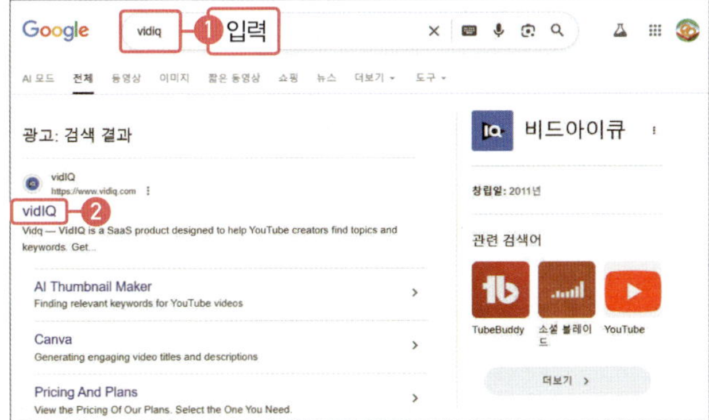

02 vidIQ 홈 화면이 나타나면 중앙의 [Sign up for Free] 버튼을 클릭합니다. 구글 계정 로그인 창이 나타나고 유튜브 계정을 선택합니다.

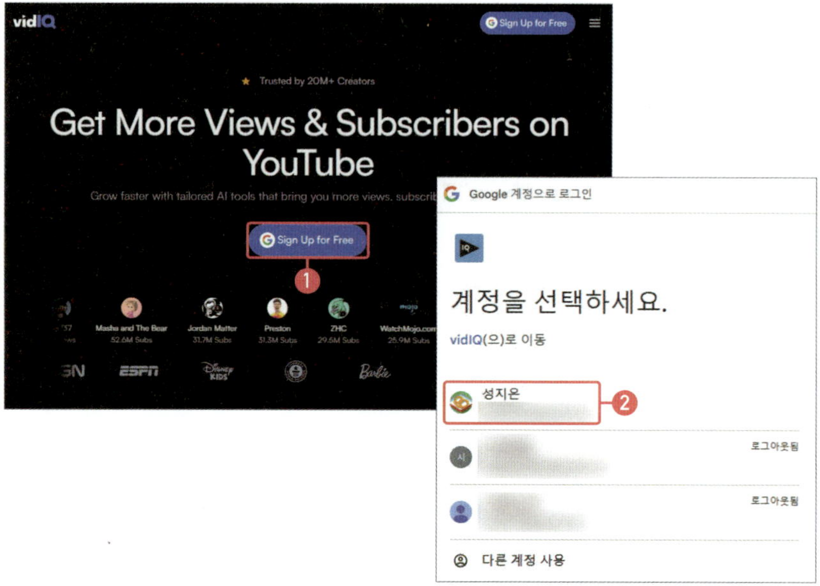

03 로그인을 완료한 후 유튜브 채널 연결을 위해 화면 하단의 [Connect YouTube Channel] 버튼을 클릭합니다.

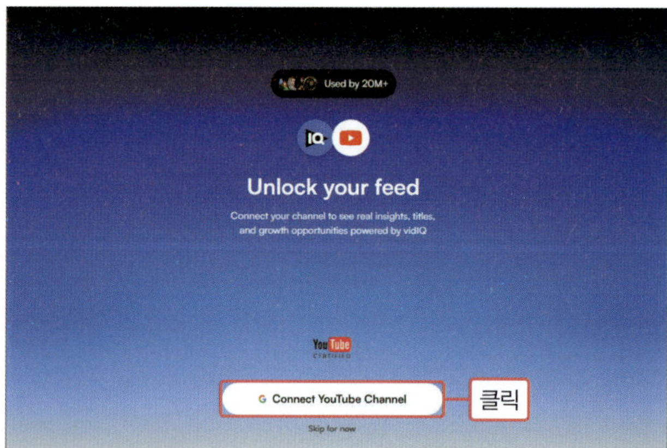

01 구글 크롬 또는 네이버 검색란에 'tubebuddy'를 입력해 검색한 후 검색 결과를 클릭합니다.

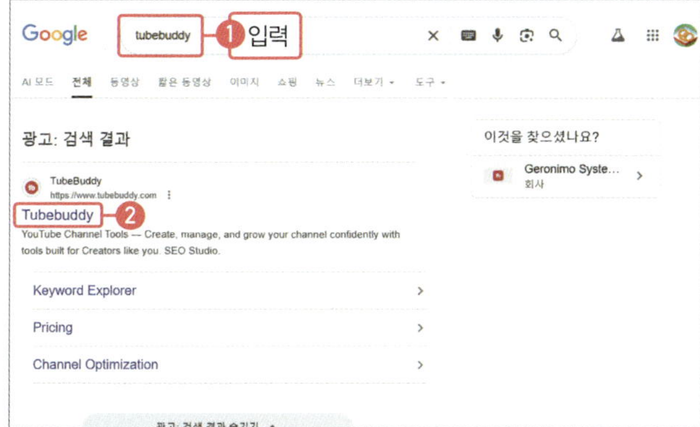

02 tubebuddy 홈 화면이 나타나면 상단의 [Sign in with Google] 버튼을 클릭합니다. 개인 정보 및 사용 정책에 관한 동의 화면에 박스를 모두 체크한 후 [Continue with Google] 버튼을 클릭합니다.

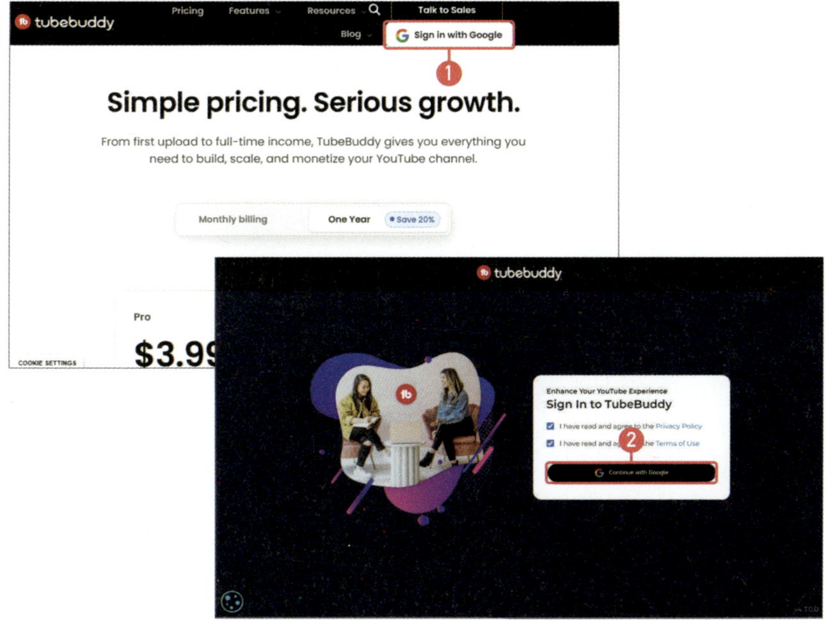

03 구글 계정을 선택하세요. 화면이 나타나고 유튜브 계정을 선택합니다.

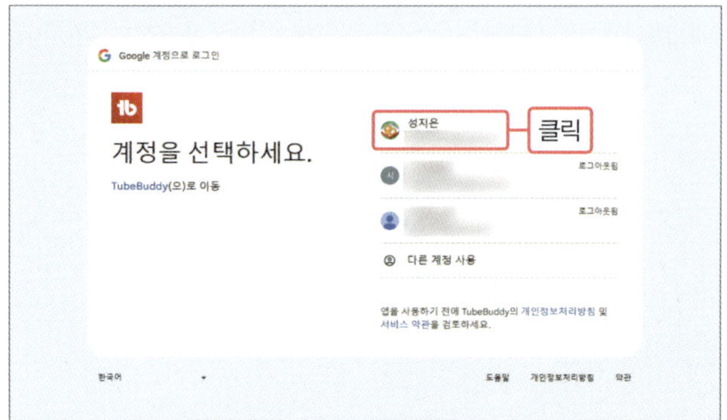

04 잠시 후 다시 홈 화면이 나타나면 프로그램 실행을 위해 [+Add Channel] 버튼을
클릭합니다.

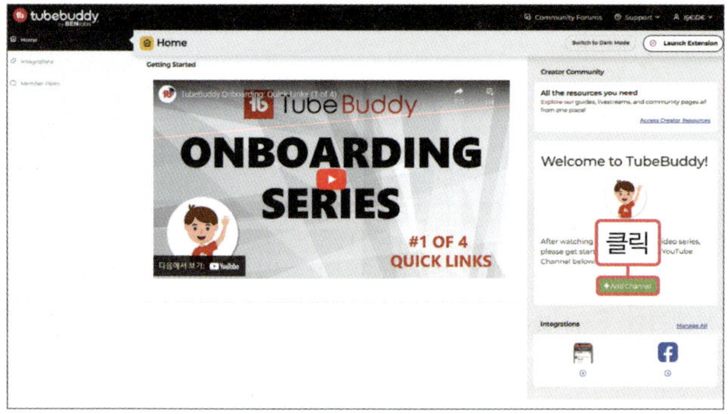

05 구글 계정 또는 브랜드 계정 화면에서 연동을 원하는 구글 계정을 선택합니다. 튜
브버디 재로그인 창이 나타나고 잠시 후 유튜브 채널과 연동이 완료됩니다.

▶ 키워드 분석 도구 사용 방법

설치를 완료했다면 본문에서는 vidIQ를 이용하여 영상 최적화(SEO)를 활용
하는 방법에 대해 알려드리겠습니다. SEO 최적화는 유튜브 알고리즘에서 동
영상의 노출도를 높이고 더 많은 조회수를 달성하기 위하여 필수적입니다.
vidIQ는 그 과정에서 아주 중요한 역할을 담당하는 도구입니다.

❶ vidIQ를 활용한 키워드 분석

vidIQ에서 제공하는 키워드 연구는 키워드 리서치에 있어 매우 중요한 기능 중 하나입니다. 주제와 관련된 키워드를 입력하면 검색량, 경쟁도, 트렌드 등을 분석할 수 있으며 분석 결과를 바탕으로 적합한 롱테일 키워드와 관련 키워드를 선택해 영상 제목과 설명, 태그 등에 활용할 수 있기 때문입니다.

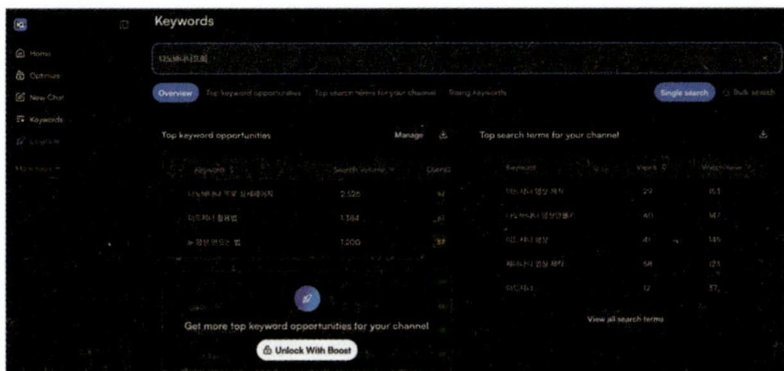

▲ vidIQ 키워드 검색 화면

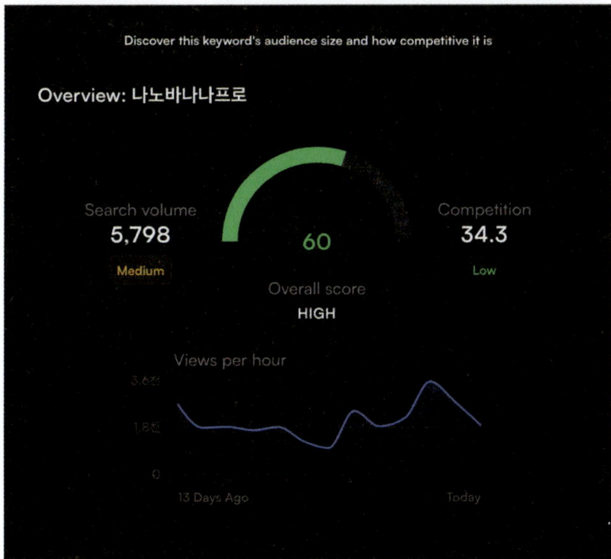

▲ '나노 바나나 프로'의 검색량과 경쟁도를 보여주는 화면

경쟁도는 낮고 검색량이 높은 키워드를 선택하는 것이 SEO 최적화의 핵심입니다. vidIQ에 접속해 로그인을 완료한 후 검색란을 클릭해 원하는 키워드를 검색하면 추천 키워드와 함께 검색량 지수 등이 표시됩니다. 예를 들어 '부업'이라는 키워드를 입력해 검색하면 '부업 추천', '주부 부업' 등의 추천 키워드가 화면에 함께 나타납니다.

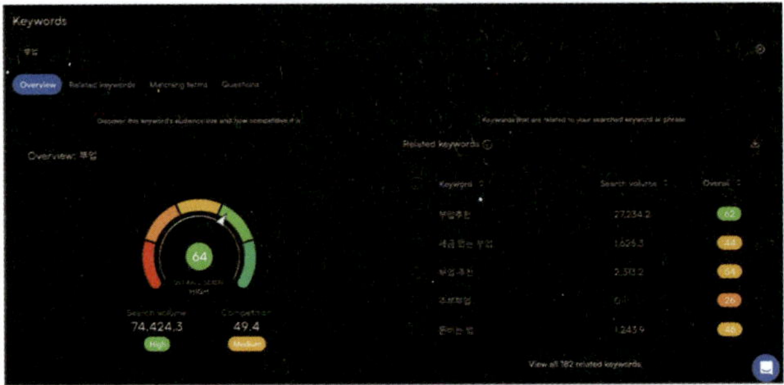

▲ '부업' 키워드를 검색한 화면

추천 키워드 중 하나를 클릭하면 세부적인 추천 키워드도 나타납니다.

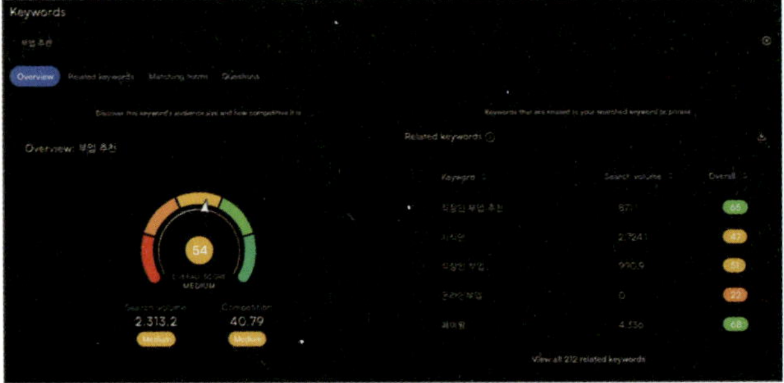

▲ 추천 키워드 중 '부업 추천'을 클릭한 화면

❸ vidIQ의 태그 추천 기능

vidIQ의 태그 추천 기능은 영상과 관련된 다양한 태그를 자동으로 제안해 줍니다. 태그는 앞에서 살펴본 것처럼 내 채널의 영상이 더 많은 연관 검색에 노출될 수 있도록 돕는 중요한 요소입니다. 최대 500자까지 태그를 입력할 수 있으며 관련성 높은 태그를 충분히 추가하는 것이 유리합니다.

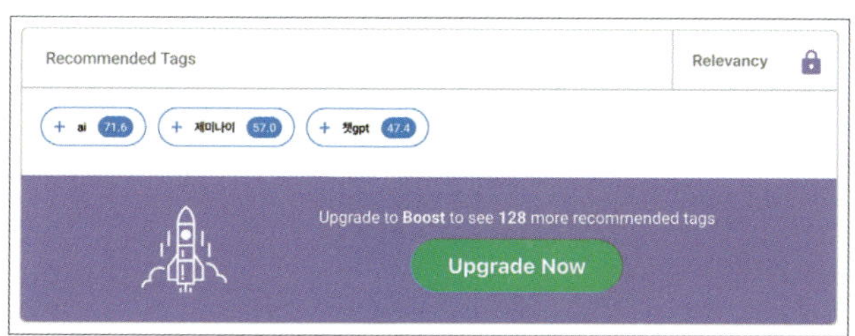

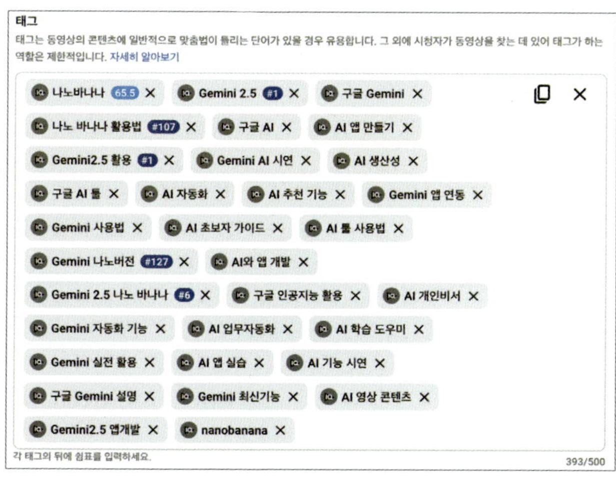

▲ 태그 추가 화면입니다(태그는 #을 제외하고 글씨만 추가하면됩니다).

❹ vidIQ 태그 볼륨 기능

vidIQ의 태그 볼륨 기능을 활용하면 검색량이 높은 태그를 별도로 선별할 수 있습니다. 이를 통해 검색 가능성을 높이고 상위 노출 가능성을 극대화합니다.

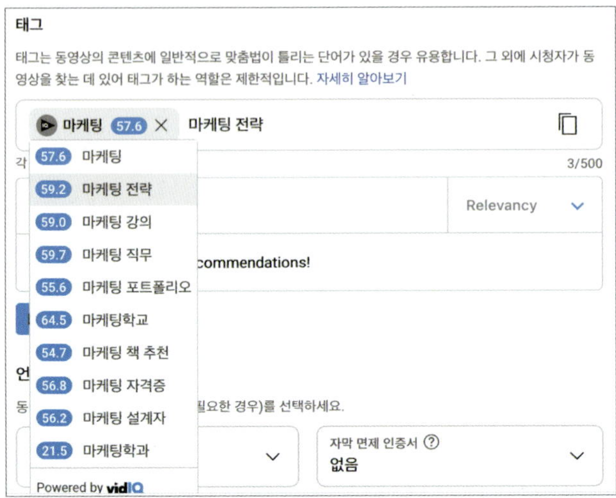

▲ vidIQ의 태그 볼륨 추천 화면입니다(점수가 높을수록 노출 가능성이 높은 키워드라고 보면 됩니다).

❺ SEO 점수 분석을 통한 개선 방법

vidIQ는 각 영상에 SEO 점수를 제공하고 있습니다. SEO 점수는 제목, 설명, 태그, 조회수, 댓글, 좋아요 수 등의 다양한 요소를 종합해 산출됩니다. 필자는 주로 이 점수를 참고해 제목, 설명 등의 부족한 부분을 개선하여 SEO 점수를 끌어올리는 전략을 사용합니다. 다음 이미지는 SEO 점수 분석 결과로 SEO 최적화가 거의 완벽하게 적용된 사례를 보여줍니다. 각 항목이 의미하는 바는 다음과 같습니다.

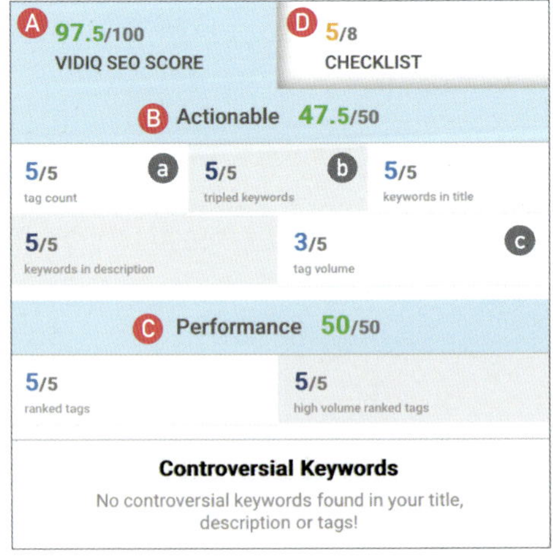

ⓐ 전체 점수(Overall Score), 97.5/100

- 유튜브 검색 엔진이 해당 영상을 얼마나 잘 식별하고 추천하는지를 나타내는 지표입니다. 50점 이상이면 '양호', 80점 이상이면 '우수'로 평가받으며, 97.5점은 최상위권의 최적화 상태를 의미합니다.

ⓑ Actionable(실천 가능 항목), 47.5/50

- 크리에이터가 직접 수정하고 최적화할 수 있는 영역(제목, 설명, 태그 등)에 대한 평가입니다.

  - ⓐ Tag Count(5/5): 허용된 태그 용량을 충분히 활용하였습니다.
  - ⓑ Tripled Keywords(5/5): 가장 중요한 핵심 요소입니다. 타깃 키워드가 [제목 + 설명란 + 태그] 세 곳에 모두 일치하게 입력되어 검색 정확도를 극대화했습니다.
  - ⓒ Tag Volume(3/5): 유일하게 감점된 항목입니다. 이는 태그들의 총 검색량이 적다는 의미이나 니치한 주제를 다룰 때 발생하는 자연스러운 현상입니다. 무리하게 인기 키워드를 넣기보다 타깃팅의 정확도를 유지하는 것이 유리합니다.

ⓒ Performance(성과 항목), 50/50

- 설정한 키워드로 인해 실제 검색 결과에서 영상이 얼마나 잘 노출되고 있는지를 보여줍니다. 이 항목이 만점이라는 것은 '사람들이 검색하는 키워드에서 내 영상이 상위권에 노출되고 있다'는 확실한 증거입니다.

ⓓ Checklist(체크리스트), 5/8

- 카드 삽입, 최종 화면(End Screen), 자막, SNS 공유 등 영상 외적인 설정 요소를 점검하는 항목입니다. 필수적인 SEO 요소는 아니지만, 시청 지속 시간을 늘리기 위해 보완이 권장됩니다.

유튜브 상위 노출 실전 사례

SEO 중요성에 대해 여러 차례 언급했지만 실제로 많은 운영자가 간과하는 요소가 바로 SEO입니다. 이는 롱폼과 숏폼 콘텐츠 모두에 해당하는 내용으로 특히 롱폼 영상에서는 반드시 챙겨야 할 핵심 요소라 할 수 있습니다. 영상 업로드 시 제목, 설명, 태그에 핵심 키워드를 모두 입력해 주세요. 알고리즘이 영상의 주제를 정확히 파악해 해당 주제에 관심이 있는 시청자에게 추천할 가능성이 높아집니다.

활용 방법은 간단합니다. 노출을 원하는 키워드를 선정합니다(키워드 선정은 구글 트렌드에서 원하는 키워드를 입력해 검색량을 확인해 봐도 되고 스스로 예상해도 됩니다). 필자가 생각한 핵심 키워드는 '구글 ai 스튜디오', '포토샵 대체'입니다.

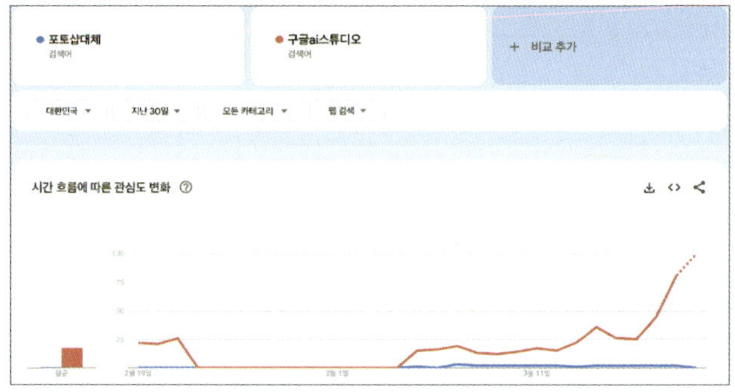

▲ 구글 트렌드에서 지난 30일간 두 검색어의 관심도를 비교한 화면

현재 '포토샵'이 유료로 이용되기 때문에 생각해본 것이고 메인 키워드는 '구글 ai스튜디오'입니다. 워낙 훌륭한 사이트이기 때문에 해당 키워드로 검색 유입이 많겠다 판단되어 선정해 봤습니다. 구글 트렌드의 그래프를 봐도 최근 유입이 많이 늘어난 것을 확인할 수 있습니다. 이제 노출을 원하는 키워드를 자연스럽게 제목과 설명에 추가해 줍니다(추가하지 않으면 유튜브 검색에 노출될 확률이 확 떨어집니다). 제목의 앞 부분에 가장 중요한 키워드를 배치한 후 사람들이 검색할 만한 단어를 억지스럽지 않게 잘 조합하여 추가합니다.

설명란은 많은 유튜버가 소홀히 하는 부분인데 첫 2~3줄에 핵심 키워드를 포함하여 영상의 내용을 자세히 설명해 주세요. 설명란에 키워드를 적절히 배치하면 검색 순위에 큰 도움이 됩니다.

태그는 관련 키워드를 모두 넣되, 가장 중요한 태그를 맨 앞 부분에 배치하세요. 너무 광범위한 태그보다는 구체적인 태그가 더 효과적이며 비디오 태그에도 키워드를 추가해 주셔야 합니다(비디오 태그에는 500자까지 추가할 수 있어 영상과 관련된 키워드 중심으로 넣어주면 됩니다).

▲ vidIQ 확장 프로그램 설치 후 비디오 태그 추가 화면

무료 도구인 vidIQ 크롬 확장 프로그램을 설치하면 내 영상이 현재 몇 위에 노출되고 있는지 직관적으로 확인할 수 있는데 이미지의 '#1'에 표시된 파란색 숫자가 바로 유튜브 검색 순위입니다. 앞서 설명한 전략대로 제목, 설명란, 태그 등에 핵심 키워드를 촘촘히 배치한 결과, 타깃으로 삼았던 '구글 AI 스튜디오'가 키워드에서 검색 순위 1위를 달성했습니다.

트래픽 소스 > YouTube 검색	조회수 ↓		시청 시간(단위: 시간)		평균 시청 지속 시간
합계	5,550		242.7		2:37
구글 ai 스튜디오	1,331	24.0%	62.4	25.7%	2:48
구글 ai 스튜디오 사용법	343	6.2%	18.9	7.8%	3:18
구글ai스튜디오	340	6.1%	15.5	6.4%	2:43
google ai studio	206	3.7%	10.2	4.2%	2:58
디스이즈머니	178	3.2%	7.7	3.2%	2:35
구글 ai	150	2.7%	7.5	3.1%	3:00
ai studio	121	2.2%	5.3	2.2%	2:36
ai	117	2.1%	4.8	2.0%	2:26
ai 스튜디오	92	1.7%	3.9	1.6%	2:31
구글ai	90	1.6%	4.2	1.7%	2:46
ai스튜디오	72	1.3%	3.6	1.5%	2:59
google ai studio 사용법	68	1.2%	3.1	1.3%	2:43

▲ 유튜브 스튜디오의 트래픽 소스 YouTube 검색 화면

단순히 순위만 높은 것이 아닙니다. 실제 영상의 유입 데이터를 확인해 보면, 해당 키워드를 검색해서 들어온 시청자가 대다수임을 알 수 있습니다. 시크릿 모드에서 검색했을 때도 광고를 제외하고 최상단에 노출되는 것을 확인했습니다.[*]

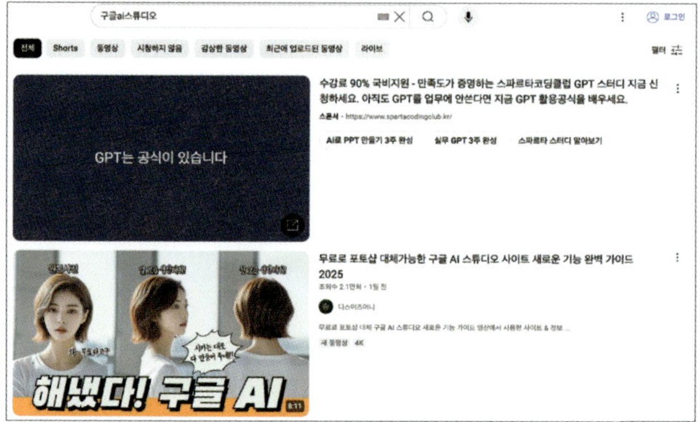

▲ YouTube 검색 화면

제목과 설명 태그 등에 현재 키워드를 넣지 않고 단순히 '완벽한 AI 프로그램의 등장 무조건 사용해보세요!'라고 제목을 정했다면 시청자 관심을 끌 수 있어도 해당 키워드에 노출은 불가합니다. 따라서 초기에 키워드를 선점하여 지속적으로 조회수 유입을 이끌어내세요. 주의할 점은 경쟁이 심한 키워드 보다는 틈새 키워드를 찾아 활용해야 합니다.

만약, 키워드를 구글 또는 포토샵과 같은 경쟁률 높은 키워드로 정했다면 선점하기는 어렵기 때문에 모든 사람이 사용하는 인기 키워드보다 경쟁이 적은 특화된 키워드로 시작하는 것이 초기에는 더 유리한 점 잊지마세요.

---

[*] 유튜브 알고리즘과 검색 순위는 실시간으로 변동되며, 독자님이 책을 보는 시점에는 순위가 또 달라질 수 있습니다. 이 사례는 '올바른 키워드 전략을 적용했을 때, 소규모 채널이나 영상도 충분히 상위 노출이 가능하다'는 것을 보여주는 실전 예시로 참고해 주시기 바랍니다.

마무리

영상 편집이 끝났다고 해서 작업이 끝난 것이 아닙니다. 냉정하게 말해, SEO (검색 최적화)가 없는 영상은 완성된 것이 아닙니다. 아무리 훌륭한 콘텐츠도 검색되지 않으면 유튜브라는 바다에서 표류할 뿐입니다.

알고리즘의 간택을 마냥 기다리지 마십시오. 우리가 배운 대로 정확한 '키워드 좌표'를 심어준다면 여러분의 영상은 반짝하고 사라지는 소모품이 아니라 매일 조회수를 벌어다 주는 '연금' 같은 자산이 될 수 있습니다.

업로드 직전, 딱 10분만 투자하십시오. 제목, 설명, 태그에 심어둔 키워드가 여러분의 영상을 필요한 시청자에게 정확히 배달해 줄 것입니다. SEO는 기술이 아니라 내 영상을 기다리는 시청자를 위한 가장 확실한 마케팅입니다.

영화, 드라마, 연예 채널 운영법

유튜브는 영화, 드라마, 예능 방송 등 저작권 보호 대상 콘텐츠의 무단 업로드를 엄격히 금지하고 있습니다. 그러나 몇몇 채널은 아랑곳하지 않고 저작권 영상으로 조회수를 올리고 간접 수익을 창출하기도 합니다.  에서는 저작권 콘텐츠를 활용하는 채널들의 운영 방식을 살펴보고, 합법적으로 영상을 업로드할 수 있는 대안을 모색해 보겠습니다.

1-1
저작권 콘텐츠 채널을 운영하는 이유

유튜브 정책상 저작권 침해 소지가 있는 영상은 수익화가 불가능합니다. 그런데 일부 채널은 여전히 영화 및 방송 영상을 업로드하며 왕성한 활동을 이어가고 있는데요. 가능한 이유는 바로 직접 광고 수익 외에 다른 이익 구조를 이용하고 있기 때문입니다. 다음 1-2에서 유튜브의 이익 구조에 대해 살펴보겠습니다.

▶ 광고 수익 대신 외부 수익 구조 활용

채널 운영자는 유튜브 광고 수익을 포기하는 대신 영상의 음원 수익이나 외부 링크 트래픽을 통해 간접 수익을 얻을 수 있습니다. 예를 들어 배경음악의 저작권을 채널 운영자로 등록해두면 영상이 재생될 때마다 음원 수익이 발생해 돈을 벌게 되는 겁니다.

▶ 폭발적인 조회수 확보

영화와 드라마 관련 방송 영상 콘텐츠는 검색량이 많아 단기간에 조회수가 급등합니다. 비록 수익화는 어렵겠지만 조회수 자체로 인지도나 협찬 기회를 얻어 수익 창출이 가능합니다.

▶ 브랜딩 및 단기 노출 효과 활용

일부는 직접적인 수익보다 채널의 브랜드 인지도 확보에 더 집중합니다. 짧은 기간이라도 폭발적인 노출을 통해 다른 프로젝트나 후원 플랫폼을 받아 수익을 창출하려는 전략입니다.

'수익화 불가'임을 알면서도 채널을 운영하는 이유는 결국, 영상의 조회수 및 인지도 확보를 통한 외부 수익의 우회 구조가 있기 때문입니다.

1-2

영화와 드라마 영상 채널이
수익 창출에서 거절당하는 이유

저작권 침해 소지가 있는 영상을 업로드하는 채널이 수익화에서 배제되는 이유는 다음과 같습니다.

▶ 무단 도용과 저작권 경고 누적

영화와 방송 영상에는 명확한 권리자가 존재합니다. 채널에 업로드한 영상에 저작권 신고가 접수되면 영상은 즉시 삭제되고 경고 3회 누적 시 채널 삭제로 이어집니다.

▶ 재사용 콘텐츠로 분류

유튜브는 원본성, 창의성, 편집 수준을 콘텐츠의 중요한 평가 항목으로 봅니다. 즉, 창의성이 결여된 복제형 콘텐츠는 추천 영상에 노출이 제한되어 알고리즘에 치명타를 입고 수익 창출도 금지됩니다.

1-3
저작권을 피해 채널을 키우는 합법적 공생

남의 영상을 그대로 사용하면 무조건 저작권 위반일까요? 원칙적으로는 맞습니다. 그러나 저작권자가 문제를 제기했을 때에만 위반이 되며 핵심은 '원작자에게 도움이 되는가?'입니다. 단순히 타인의 창작물을 훔치는 것이 아니라, 원작자에게 홍보 효과를 주거나 새로운 가치를 더해 합법적으로 콘텐츠를 활용하면 큰 문제가 되지 않습니다.

▶ 원작자의 지지를 받는 네 가지 공생 전략

❶ 원작자의 '홍보 대사'가 되는 공생 전략

저작권자(영화사, 게임사, 제작사)에게 가장 고마운 유튜버는 내 콘텐츠를 맛깔나게 소개해 주는 사람입니다. 이 경우 '무료 마케팅'의 일환으로 저작권 위반 신고를 해야 할 이유가 없습니다. 정리하면 다음과 같습니다.

- 영화와 드라마 리뷰: 결말을 포함해 스포일러를 남발하거나 영상을 그대로 올리는 것은 금물입니다. 하지만 '이 영화가 보고 싶게 만드는' 소개 영상이나 예고편 분석, 하이라이트 편집은 제작사 입장에서 홍보에 큰 도움이 되므로 제재를 가하지 않는 경우가 많습니다.

- 게임 플레이 및 공략: 대부분의 게임사는 유튜버가 자사의 게임을 플레이하는 것을 적극 권장합니다. 유튜버의 플레이 영상을 보고 게임을 구매하는 유저가 늘어나기 때문입니다.

 사전 검증된 '암묵적 허용(Safe Zone)' 콘텐츠 탐색법

저작권으로부터 안전한 영상이 무엇인지 잘 모르겠다면 유튜브 검색이 정답을 알려줄 것입니다. 검색란에 업로드를 원하는 콘텐츠를 검색한 후 결과를 확인해 보세요. 이미 많은 채널에서 업로드한 영상이 존재한다면 무사할지도 모릅니다.

- '생존 여부'로 안전성 확인: 업로드를 원하는 영화, 예능, 드라마의 제목을 유튜브에 검색해 보세요. 만약 동일한 영상(또는 하이라이트)이 여러 개인 채널(비공식 채널)에 업로드되어 있고, 1년 이상 삭제되지 않은 채 높은 조회수를 유지하고 있다면 사용해도 안전할 확률이 매우 높습니다.

- 원작자의 의도 파악: 저작권 영상이 살아남은 이유는 간단합니다. 원작자가 이를 '저작권 침해'가 아닌 '팬들의 자발적인 홍보 활동'으로 간주하여 문제 삼지 않기로 묵인했기 때문입니다. 이렇게 검증된 '데이터'가 있는 영상 위주로 소스를 선정하면 저작권 위험을 획기적으로 낮출 수 있습니다.

 '공정 이용(Fair Use)'을 위한 2차 창작

원본 영상을 그대로 업로드하면 불법이지만, 영상에 나만의 '창작'이 더해지면 새로운 콘텐츠로 인정받습니다. 유튜브는 원본에 비평, 해설, 교육적 가치가 추가될 때 '공정 이용'으로 인정합니다.

- 나만의 해설과 관점 추가: 원본 영상의 소리를 없애고 내레이션(목소리)을 입히거나, 중간중간 리액션을 추가해 넣어 '나만의 콘텐츠'로 재가공합니다. 기존 영상과 확연히 다른 새로운 가치를 창출하므로 법적으로 보호받을 여지가 큽니다.

❹ 저작권 만료 및 무료 라이선스(CCL) 활용

영상 제작자 겸 채널 운영자로서 제일 마음이 놓이는 방법은 처음부터 저작권 문제가 없는 자료를 사용하는 것입니다.

- 공유마당 & 퍼블릭 도메인: 저작권 보호 기간(사후 70년 이상)이 만료된 고전 영화, 클래식 음악, 명화 등은 누구나 자유롭게 상업적으로 이용할 수 있어 이를 현대적인 감각으로 재편집하면 훌륭한 콘텐츠가 됩니다.

▶ 저작권 제재가 느슨한 콘텐츠 탐색

오래된 해외 영화나 이미 다수의 편집본이 업로드된 콘텐츠를 사용해 저작권 제재를 피하려는 시도가 많습니다. 하지만 이는 여전히 회색지대*에 머물러 있기 때문에 사용에 주의를 기울여야 합니다.

▶ AI 영상 감지를 피하는 편집 방식

영상 속도 조절, 프레임 자르기, 화면 비율 변경, 자막 추가하기 등은 유튜브의 영상 인식 알고리즘을 교란하는 편집 방식입니다. 일시적으로 100만 회 이상의 조회수를 달성하기도 하지만 결국 유튜브 정책에 의해 막히게 됩니다.

▶ 합법적 제휴 콘텐츠 활용

일부 영화사는 편집본 제공 계약을 통해 영상을 합법적으로 제공해 주기도 하지만 대부분 유료 라이선스 계약이 필요하며 개인 크리에이터가 접근하기에는 어려움이 많습니다.

---

* 애매모호한 행위나 개념 또는 그런 행위가 벌어지는 지역을 부르는 말. 정리하면 검은색도 흰색도 아닌 애매한 범위를 가리키는 용어입니다.

추천하는 합법적 대안과 그 한계

지속 가능한 운영을 위해서는 앞에서도 잠깐 설명했듯이 '공정 이용(Transformative Use)' 전략이 필요합니다. 공정 이용은 저작권 영상을 단순 복제하지 않고 새로운 해석이나 비평을 더하여 콘텐츠를 창의적으로 재구성하는 방식입니다.

▶ 요약, 리뷰, 해설 중심의 창의적 구성

원본 영상을 그대로 사용하는 대신 줄거리 요약, 장면 해설, 스토리 분석 등의 새로운 시각을 더하면 저작권법상 일정 부분 보호를 받을 수 있습니다. 예를 들어 영화의 결말 해석이나 연출 의도를 설명하는 콘텐츠는 주관적인 견해의 추가로 '변형적 창작물'로 인정받을 가능성이 높습니다.

▶ 공정 이용의 한계 인식

원본 영상의 주요 장면을 과도하게 사용하거나 원래 의미를 왜곡하면 당연히 저작권 침해에 해당합니다. 또한, 국가별로 저작권법 조항이 달라 해외 판권사가 이에 대해 문제를 제기할 수도 있습니다.

대부분의 영화 리뷰 채널은 장면의 일부만 인용한 해설 중심으로 콘텐츠를 구성해 저작권을 피하며 수익을 창출했습니다. 핵심은 단순 편집이 아닌 창의적 재해석이라는 점을 기억해 주세요.

저작권 콘텐츠 합법적 사용 가능 예
- 비평을 위해 사용한 일부 방송 영상
- 대사를 변경하고 음성 해설을 더한 영화의 한 장면
- 스포츠 경기에 나의 해설을 더한 영상
- 나의 의견 및 리액션을 추가한 방송 영상
- 타 크리에이터 영상에 줄거리 및 해설을 추가한 편집 영상

단순 복제 콘텐츠는 단기적으로 큰 성과를 얻을 수 있어도 유튜브 정책 변화 한 번으로 채널 전체가 차단될 위험이 있습니다. 결국 유튜브가 장려하는 것은 '새로운 해석과 가치가 담긴 창작물'입니다. 따라서 저작권을 회피하기보다는 리뷰, 비평, 해설 등을 첨가해 창의적인 접근 방식으로 나아가야 합니다. 창의적 재해석이 다른 무엇보다 안전하면서 지속 가능한 유튜브 운영 전략입니다.

이런 하지 마세요!
유튜브가 싫어합니다

유튜브는 조회수만으로 채널을 평가하지 않습니다. 시청자에게 해가 되거나 정책에 위배되는 콘텐츠를 게시하면 알고리즘에서 노출이 제한되거나 심할 경우 채널이 삭제될 수도 있습니다. **Lesson 05** 에서는 유튜브가 싫어하는 영상 유형과 생존이 불가능한 주제들을 살펴보며 장기적으로 건강한 채널을 운영하기 위한 방향을 알아보겠습니다.

절대 추천하지 않는 영상 유형 TOP 5

▶ 노골적 폭력 및 혐오 발언 콘텐츠

잔혹한 폭력 장면이나 특정 집단 또는 개인을 심각하게 비난하는 혐오 발언 영상은 유튜브 정책상 엄격히 금지되어 있습니다. 이러한 콘텐츠는 시청자의 불쾌감을 유발하고 광고주 역시 노출을 꺼리기 때문에 광고 제한 혹은 채널 경고를 받게 됩니다.

▶ 성적 또는 선정적 내용이 포함된 영상

심한 노출이나 성행위 묘사 등의 성인용 콘텐츠는 알고리즘이 자동으로 노출을 차단합니다. 유튜브는 어린이와 청소년이 함께 이용하는 플랫폼이기 때문에 이러한 영상은 연령 제한, 광고 차단, 심하면 수익화 제한으로 이어집니다.

▶ 낚시성 영상의 반복 업로드

썸네일과 제목은 자극적이지만 실제 내용은 무관한 낚시성 영상은 시청자 이탈로 이어지고 알고리즘에서 '비추천' 처리합니다. 결국 채널의 신뢰도와 노출 순위가 함께 하락합니다.

▶ 극단적 또는 위험한 장난 콘텐츠

몰래카메라, 위험한 도전, 법 위반 행위 등은 시청자에게 위해를 가하거나 모방 위험이 있는 콘텐츠로 분류되어 강력한 제재를 받습니다. 특히 청소년이 따라 할 위험성이 높은 콘텐츠는 정책 위반의 경고 없이 즉시 삭제될 수도 있습니다.

▶ 스팸형 및 도배식 재사용 콘텐츠

동일한 영상을 여러 채널에 올리거나 짧은 영상 클립을 짜깁기해 연결하는 등, 창의성 없는 단순 복제 콘텐츠는 유튜브가 '반복적 콘텐츠'로 분류합니다. 이러한 경우 광고 제한, 수익화 거절, 나아가 채널 경고 누적으로 이어집니다.

채널이 삭제되는 영상 유형 TOP 3

▶ 불법 정보·사기·거짓 정보 콘텐츠

도박, 마약, 불법 거래, 피라미드형 투자 등의 법 위반 행위를 조장하는 영상은 유튜브의 최우선 차단 대상입니다. 또한 가짜 뉴스나 허위 정보를 지속적으로 게시해도 채널 삭제뿐만 아니라 법적 책임까지 지게 될 수 있습니다.

▶ 무단 도용 및 저작권 상습 위반 콘텐츠

타 크리에이터의 영상을 허락 없이 채널에 업로드하거나 드라마, 영화와 같은 저작권 콘텐츠를 무단으로 사용하면 저작권 침해입니다. 저작권 위반 신고가 접수되면 영상이 즉시 삭제되고 저작권 경고가 여러 번 누적될 경우 채널 폐쇄로 이어집니다.

▶ 아동을 위험에 노출시키는 콘텐츠

아동이 위험한 행동을 하거나 폭력, 성적인 상황에 노출되는 영상은 유튜브에서 즉시 삭제합니다. 특히 광고주들은 아동의 안전 문제에 극도로 민감하기 때문에 이러한 콘텐츠는 광고 제한뿐만 아니라 채널 존폐 위기로 이어집니다.

마무리

유튜브는 조회수를 위한 인기 영상을 업로드하는 공간이 아니라 시청자 보호, 광고주 신뢰, 정책 준수를 기반으로 운영되는 글로벌 미디어 플랫폼입니다. 따라서 폭력이나 성, 혐오 표현이 다수 포함된 영상, 자극적인 낚시성 영상과 허위 정보 영상, 불법, 사기 행위 조장 영상, 원본 재사용 및 도배 영상은 반드시 피해야 합니다.

건강한 채널은 유튜브 정책 준수와 시청자 신뢰에서 시작됩니다. 유튜브가 싫어하는 영상을 만들기보다 시청자가 좋아하고 다시 찾는 영상을 제작하고 운영하는 것이 장기적으로 성공하는 가장 확실한 길입니다.

저작권 문제로 영상 삭제? 수익 중단?
: 이렇게 하면 절대 걱정 없습니다!

유튜브 채널을 잘 운영하다가 한 번이라도 저작권 경고(Strike)를 받으면 수익 창출은 중단되고 채널의 신뢰도는 바닥으로 떨어집니다. 심지어 경고가 누적되면 채널이 삭제될 수도 있습니다. **Lesson 06** 에서는 음악, 영상, 이미지를 유튜브에서 저작권 위반 없이 안전하게 사용하는 방법과 유튜브 저작권 시스템을 완벽히 피하는 핵심 원칙을 단계별로 살펴보겠습니다.

음악·영상·이미지,
안전하게 사용하는 방법

1 · 무료 라이선스, 정식 구매, AI 직접 제작이 핵심

음악은 유튜브 오디오 라이브러리, 아트리스트, 에피데믹 사운드와 같은 정식 음원 사이트를 활용하는 것이 가장 안전합니다. 또한, 무료 음원을 사용할 때

는 반드시 상업적 이용 가능 여부와 저작권 표시(Attribution) 조건을 확인해야
하며 만약 저작권 걱정 없이 영상 분위기에 맞는 맞춤형 BGM을 사용하고 싶
다면 수노, Boomy, AIVA와 같은 AI 음악 도구를 활용해 주세요.

2 · 크리에이티브 커먼즈(CC) 영상 또는 촬영본을 활용

픽셀즈, 픽사베이, 비데보 등에서 제공하는 CCO(저작권 없는 영상)를 사용하면
문제가 없습니다. TV 프로그램이나 영화 클립 등 저작물이 필요하면 공정 이
용(Fair Use) 원칙에 따라 영상의 일부를 인용 하거나 해설이나 비평 요소를 반
드시 추가해야 합니다.

❶ 크리에이티브 커먼즈(CC)란?

저작권자가 일정한 조건 아래 영상을 자유롭게 사용할 수 있도록 허용한 콘텐
츠입니다. 유튜브 내에서도 'CC 라이선스'가 적용된 영상이나 음악을 사용하면
저작권 문제없이 안전하게 콘텐츠를 제작할 수 있습니다.

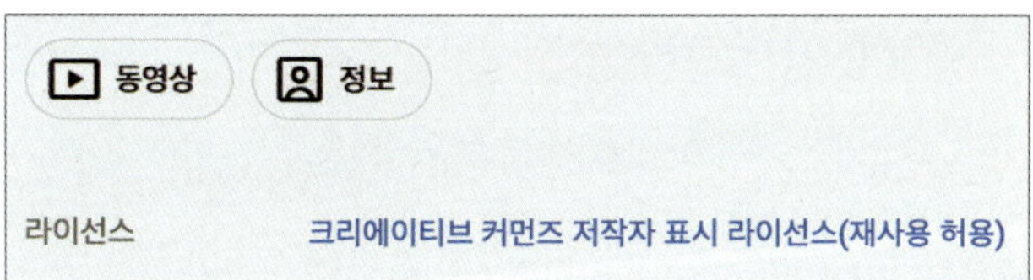

❷ 크리에이티브 커먼즈(CC) 주의사항

모든 CC 콘텐츠가 상업적 사용이 가능한 것은 아닙니다. 특히 'CC BY-NC(비
상업적)' 또는 'CC BY-SA(동일 조건 하 배포)' 라이선스는 광고 수익 채널에서
사용이 제한될 수 있으므로 반드시 조건을 확인해야 합니다.

01 유튜브 홈 화면의 검색란을 클릭한 후 원하는 키워드를 입력하고 상단 메뉴의 [필터]를 클릭합니다.

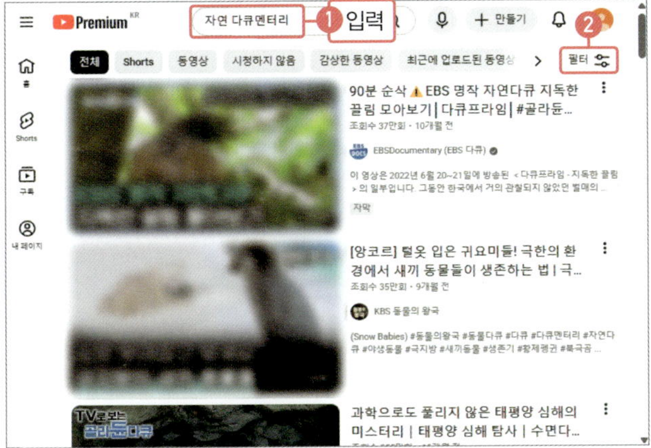

02 화면에 검색 필터 창이 나타나면 [기능별] 영역에서 [크리에이티브 커먼즈]를 선택합니다.

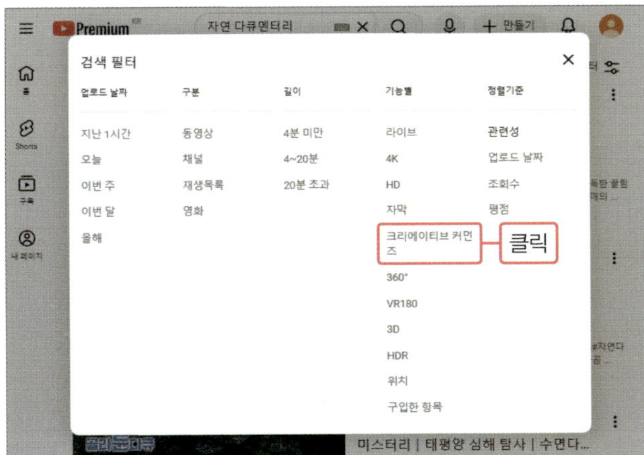

03 선택한 기능에 따라 필터링 되어 영상 목록이 재정렬됩니다. 영상 하나를 선택합니다.

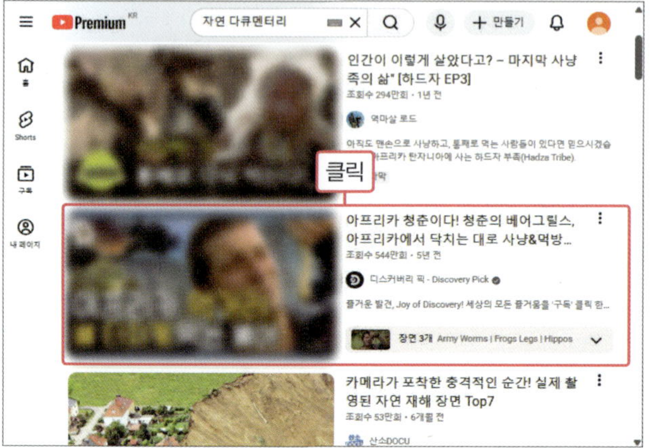

04 설명란에 라이선스 종류를 확인하고 출처 표시 및 조건 준수 후 영상을 재사용합니다.

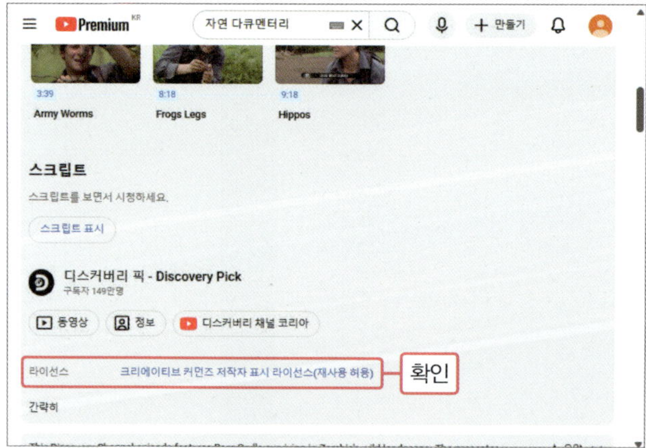

3 · AI 생성, 무료 사진 사이트 이용, 직접 촬영

레오나르도와 미드저니 등 AI 도구를 사용하면 영상 콘셉트에 맞는 고유한 이미지를 제작할 수 있습니다. AI 이미지는 저작권 문제가 없어 유튜브 썸네일, 배경 이미지, 인포그래픽 제작 등에 활용하기 좋습니다.

❶ AI 이미지 사용으로 저작권 걱정 끝!

제미나이, 챗GPT images, 미드저니 등 AI 이미지 생성기 도구를 활용하면 유튜브 썸네일, 영상 배경, 인포그래픽 등을 저작권 걱정 없이 안전한 형태로 제작할 수 있습니다. AI 이미지는 특히 브랜드 채널이나 쇼츠용 영상에서 시각적 통일성을 유지하기에도 좋습니다.

❷ 무료 이미지 사이트도 활용 가능

언스플래시(Unsplash), 픽사베이, 프리픽 등에서 제공하는 이미지는 기본적으로 상업적 사용이 가능하지만 종종 약관이 변경되거나 작가 요청으로 제한이 생길 수 있으므로 사용 전 최신 라이선스 정책을 꼭 확인해야 합니다.

❸ 가장 안전한 방법은 직접 제작

직접 촬영한 이미지나 AI 생성 이미지는 저작권 분쟁 가능성이 0%에 가깝습니다.

유튜브 저작권 경고 시스템 이해하기

▶ 저작권 경고 3회 누적 시 채널 삭제

유튜브 정책 위반으로 1차 경고를 받았다면 해당 영상 삭제와 함께 적용 시점부터 90일간 경고 유효 기간이 발생합니다. 이 기간 내에 경고가 3회 누적되면 채널은 영구 삭제되며 같은 계정으로 운영 중인 다른 채널까지 함께 정지될 수 있습니다.

▶ 1차 경고 시 복구 방법

유튜브의 저작권 교육 영상을 시청하고 테스트를 통과하면 복구가 가능합니다. 더불어 공정 이용(Fair Use) 항변 신청이나 권리자 동의 요청을 통해 해결할 수도 있습니다. 다만, 경고는 90일이 지나면 자동 해제되지만, 반복 위반 시 기록이 남습니다.

▶ 3회 경고 누적 시 완전 정지

유효 기간 내에 정책 위반으로 3회 경고 누적 시 해당 계정의 모든 채널이 정지되며 기존 업로드 영상도 모두 삭제됩니다. 이후 새로운 계정으로 유튜브 채널을 다시 만들 수도 없습니다.

▲ 유튜브 스튜디오의 채널 위반사항 표시 화면

저작권 위반 내용은 유튜브 스튜디오 채널 대시보드에서 상세히 확인할 수 있으며 저작권 위반 시 자동으로 저작권 원작자에게 연락이 가기때문에 특히 해외 콘텐츠 무단 복제는 각별한 주의를 요합니다.

저작권 위반 경고

⚠ **저작권 위반 경고 1회**

동영상에 대한 저작권 삭제 요청이 접수되었습니다. 관련 저작권법에 따라 YouTube에서 동영상이 삭제되었습니다.

결과:

- 동영상이 YouTube에서 삭제되었습니다.
- 채널이 경고를 받았습니다.

저작권 위반 경고를 3번 받으면 채널 및 이와 연결된 모든 채널이 삭제 대상이 됩니다.

저작권 위반 경고에 대해 자세히 알아보기

취할 수 있는 조치

- 아무 조치도 취하지 않습니다. 경고는 저작권 학교 과정을 수료하면 90일 후에 소멸합니다.
- 철회 요청 ⑦
- 반론 통지 제출 ⑦

동영상을 삭제해도 경고는 삭제되지 않습니다.

삭제된 콘텐츠

저작권 삭제 요청으로 인해 다음 동영상이 YouTube에서 삭제되었습니다.

경고를 받은 날짜: 2024년 12월 26일 38일 후 소멸

▨님에 의해 삭제된 콘텐츠

동영상	사용된 콘텐츠	조치
⚠ 동영상 시청 불가 콘텐츠가 발견된 구간: 0:00 ~ 0:18		작업 선택

저작권 관리 핵심 요약

저작권 관리는 채널의 '생명 보험'과 같습니다. 아무리 공들여 쌓은 조회수도 저작권 위반 한 번이면 물거품이 될 수 있습니다. 복잡한 법을 공부하는 대신, 다음 다섯 가지 행동 수칙을 유튜브 채널 관리 철칙으로 삼으세요.

❶ **음원은 '구독'하거나 '직접' 만드세요**

유료 구독 서비스(Artlist)를 이용하거나, 수노 같은 AI 작곡 도구로 세상에 하나뿐인 나만의 BGM을 만들어 저작권 걱정에서 완전히 해방되세요.

❷ **영상은 '직접 촬영'이 원칙**

인터넷에 떠도는 영상은 위험합니다. 본인이 직접 촬영한 영상이나 소유권이 확실한 자료만 사용하는 것이 분쟁을 막는 유일한 길입니다.

❸ 검색 이미지 대신 'AI 생성'

구글 이미지 검색은 위험합니다. 썸네일과 자료 화면은 미드저니, 챗GPT 등 생성형 AI로 직접 만들어 100% 소유권을 확보하세요.

❹ '무료'라는 단어 의심하기

'Free'라고 적혀있어도 안심은 금물입니다. 상업적 이용이 가능한지 출처 표기가 필수인지 라이선스 조건을 반드시 '더블 체크' 해야 합니다.

❺ 저작권 경고 3회 누적 시 '채널 삭제'

유튜브의 삼진아웃(3 Strikes) 제도는 무관용 원칙입니다. 90일 내에 경고 3회를 받으면 채널과 모든 영상이 즉시 삭제되므로 절대 방심해서는 안 됩니다.

마무리

유튜브의 저작권 시스템은 점점 더 정교해지고 있습니다. 편법이나 불법 다운로드로 콘텐츠를 제작하면 언제든 채널 삭제 위험에 노출됩니다. 그러니 AI 생성 도구와 정식 라이선스 그리고 공정 이용 원칙을 잘 지켜 안전하게 채널을 운영하세요. 저작권은 한 번 적발되면 되돌리기 어렵습니다. 따라서 채널을 오래 운영하려면 사전 확인 → 정식 사용 → 출처 명시 → 자체 제작의 4단계를 반드시 지키는 것이 가장 확실하고 안전한 채널 운영 전략입니다.

영상 업로드 시 필수 설정
: 90%가 모르는 설정법

크리에이터 대부분 영상 편집을 완료하면 모든 과정이 끝났다고 생각하지만 실제로는 '업로드 세팅 단계'가 조회수를 좌우하는 결정적 구간입니다. 유튜브는 사용자가 어떤 방식으로 영상을 게시하느냐에 따라 추천 노출 비율과 성장 속도를 다르게 평가합니다. Lesson 07 에서는 영상 업로드 시 반드시 챙겨야 하는 핵심 설정과 조회수를 10배까지 끌어올릴 수 있는 실전 세팅 전략을 단계별로 알아보겠습니다.

조회수 10배 차이를 만드는 업로드 최적화 전략

업로드 설정의 목표는 단 하나입니다. 시청자가 이탈하지 않고 다음 영상으로 자연스럽게 이어지도록 만드는 것입니다. 다음 1-1에서는 시청 흐름을 이어가는 세 가지 장치를 살펴보겠습니다.

▶ 카드(Card)와 엔드스크린(End Screen) 활용하기

▶ 카드(Card)와 엔드스크린(End Screen) 활용하기

'카드'는 영상 중간에 다른 영상이나 재생목록을 삽입해 시청자가 연속적으로 콘텐츠를 탐색하도록 유도하는 장치입니다. '엔드스크린'은 영상의 마지막 5초 또는 20초 구간에 구독 버튼, 추천 영상, 시리즈 목록 등을 배치하여 시청자가 채널 내에서 좀 더 오래 머무르게 만드는 장치입니다. 이 두 기능은 시청 시간을 늘려 알고리즘이 '품질 높은 채널'로 인식하도록 돕습니다.

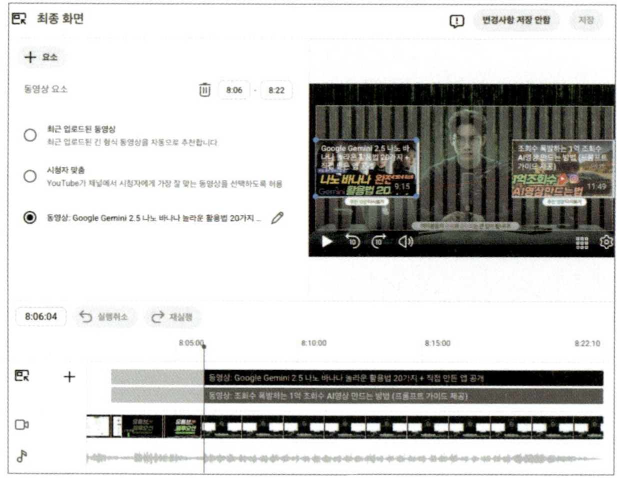

▲ 유튜브 스튜디오 최종 화면 설정 화면

▶ 재생목록으로 연속 시청 구조 만들기

같은 주제나 시리즈 영상은 반드시 재생목록(Playlist)으로 묶는 게 좋습니다. 시청 중인 영상이 종료되어도 자동으로 다음 영상이 재생되어 총 시청 시간이 증가하고 추천 확률이 높아지기 때문입니다. 유튜브는 재생목록 자체를 독립 콘텐츠로 인식해 플레이리스트 단위로 관리하면 채널 전체 노출 효과가 크게 향상됩니다.

재생목록은 롱폼, 숏폼과 별도의 알고리즘 영역에서 작동하므로 단일 영상보다 오히려 더 유리한 노출 경로를 만들 수 있습니다.

▶ 업로드 시점과 공개 설정 최적화하기

유튜브 스튜디오의 [시청자 활동 시간] 탭을 이용해 채널의 구독자가 가장 활발히 시청하는 요일과 시간을 확인합니다. 이 데이터를 기반으로 예약 업로드(Scheduling) 기능을 사용하면 최적의 시간대에 영상이 자동 공개되어 노출 효과를 극대화합니다. 업로드 전에는 반드시 비공개(Private) 상태에서 제목, 태그, 설명, 자막 등을 점검해 품질을 확보하는 것이 좋습니다.

1-2

커뮤니티 기능으로 구독자 유지율 높이기

채널이 일정 규모 이상 성장했다면, 영상 외에 유튜브 커뮤니티 기능을 적극 활용할 줄 알아야 합니다. 커뮤니티는 단순 홍보가 아니라 유튜브가 인식하는 '활성 채널'의 신호가 됩니다.

▶ 커뮤니티 탭이란?

이미지, 짧은 글, 투표, GIF, 영상 링크 등을 게시할 수 있으며, 영상 업로드 전후로 다음 콘텐츠 예고 및 의견 투표를 진행해 구독자 참여도를 높일 수 있습니다.

● 알고리즘과의 연동 효과

유튜브는 커뮤니티 게시물을 별도의 피드에 노출해 활발한 커뮤니티 활동은 영상 조회와 별개로 채널 전체 노출 빈도를 높이는 결과를 가져옵니다. 특히 커뮤니티 활동이 잦은 채널은 롱폼 콘텐츠 알고리즘에서도 추천 확률이 상승합니다.

> **커뮤니티 게시글 예시**
> - 영상 업로드 전: "오늘 오후 6시 새 영상 공개됩니다!"
> - 영상 업로드 직후: "이번 영상의 핵심 포인트는 이것입니다. 여러분 의견은 어떠신가요?"
> - 영상 업로드 후 2~3일: "이 장면이 좋았다면 좋아요 눌러주세요!"

간단한 게시물이라도 꾸준히 반복하면 유튜브는 채널을 '활발한 커뮤니티'로 인식해 추천 노출 우선권을 부여합니다.

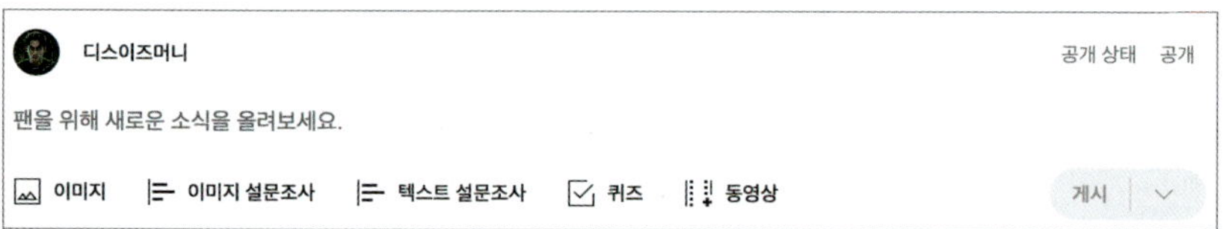

▲ 커뮤니티 게시글 작성 화면

업로드 전 반드시 확인해야 하는 체크리스트

▶ 업로드 필수 확인사항

확인사항	세부내용
영상 제목	핵심 키워드를 포함하되, 자연스럽고 신뢰감 있는 문장으로 작성
설명란	설명 첫 문장에 주요 키워드 및 영상 요약 정보 배치
태그(Tag)	주제 관련 연관 검색어를 다양하게 포함
썸네일	시각적 통일성과 클릭 유도 요소를 함께 고려
자막(SRT)	자동 생성이 아닌 직접 업로드로 SEO 강화
카드 · 엔드 스크린	시청 흐름 유지 장치로 반드시 삽입
재생목록	영상 주제별로 그룹화하여 자동 연속 재생 유도
페이스북 릴스	공감형, 스토리 중심
X(트위터)	논쟁형, 짧은 요약문

마무리

영상의 품질이 아무리 높아도 설정이 미흡하면 노출 자체가 제한됩니다. 제목, 설명, 태그, 썸네일과 같은 메타데이터는 유튜브가 영상을 분류하고 추천할 때 가장 먼저 참고하는 신호입니다. 또한 카드, 엔드스크린, 재생목록은 시청자의 체류 시간을 연장하는 알고리즘 가속 장치 역할을 합니다. 결국, 유튜브 성공 공식은 단순합니다. 영상 제작 50%, 업로드 설정 50%. 영상 편집이 완료되었다면 마지막으로 업로드 설정 단계를 완벽히 점검하세요. 그 한 번의 설정이 조회 수를 10배 이상 끌어올리는 결정적 차이를 만듭니다.

똑똑한
채널 운영 꿀팁

디스이즈머니의 조회수 폭발하는 후킹 문구 100개

'안녕하세요'와 같은 식상한 멘트는 필요 없습니다. 시작하자마자 강렬한 후킹 문구로 시청자의 눈길을 사로잡고 이어서 결론에 대한 힌트를 던져줘 영상을 끝까지 보도록 만들어야 합니다(후킹 문구는 사용 시 반드시 영상의 내용으로 시청자를 만족시켜줘야 합니다).

▶ 3초 만에 마음을 사로잡는 후킹 문구 100가지

· 이거 안 보면 손해일 수도 있습니다.

· 충격적인 사실을 알려드리겠습니다.

· 여러분, 이거 들어보셨나요?

· 오늘 영상, 절대 놓치지 마세요.

· 당신도 속고 있을지도 모릅니다.

· 믿기 어렵겠지만, 실제로 일어난 일입니다.

· 이제까지 이런 건 한 번도 본 적 없을 겁니다.

- 이건 정말 대박입니다.

- 모두가 알고 싶어 하지만, 아무도 말하지 않는 이야기입니다.

- 여러분이 궁금해할 것 같아서 준비했습니다.

- 이 사실을 알면 놀라실 겁니다.

- 단 3초만 주세요, 후회하지 않으실 겁니다.

- 이렇게 하면 조회수 10배 늘어납니다!

- 유명 유튜버들이 다 알고 있는 비밀입니다.

- 유튜브 알고리즘이 밀어주는 영상의 특징입니다.

- 당신이 몰랐던 충격적인 진실입니다.

- 사람들은 왜 이걸 모를까요?

- 절대 공개되지 않은 비밀을 알려드립니다.

- 이걸 알면 인생이 바뀝니다.

- 이 방법, 알고 계셨나요?

- 이 영상 하나로 모든 게 해결됩니다.

- 이걸 보면 눈을 의심하게 될 겁니다.

- 진짜 대박 사건이 터졌습니다.

- 유튜브 트렌드가 완전히 바뀌고 있습니다.

- 이렇게 하면 유튜브 추천에 뜹니다!

- 많은 사람들이 잘못 알고 있는 사실입니다.

- 과연 이게 진짜일까요?

- 대부분의 사람들이 이 사실을 모릅니다.

- 당신도 모르게 이렇게 하고 있을 겁니다.

- 당장 따라 해야 할 방법입니다.

- 이 영상을 본 사람들의 반응이 난리 났습니다.

- 이걸 몰랐다면 지금 당장 보세요!

- 여러분, 이게 가능하다고 생각하시나요?

- 유명 유튜버들이 절대 알려주지 않는 정보입니다.

- 이렇게 하면 100만 조회수 가능합니다!

- 이제까지 본 영상 중 가장 충격적일 겁니다.

- 이 방법 하나로 유튜브 수익이 달라집니다!

- 이것만 알면 유튜브 성공 확률이 높아집니다.

- 전문가들도 놀란 방법입니다.

- 유튜브 알고리즘이 미친 듯이 반응하는 요소입니다.

· 이걸 모르면 유튜브 절대 성공 못 합니다.

· 조회수가 안 나오는 진짜 이유입니다.

· 유튜브 시작하려면 꼭 알아야 할 사실입니다.

· 당신이 유튜브에서 실패하는 이유입니다.

· 이 영상 하나로 모든 것이 달라집니다.

· 조회수가 터지는 이유를 분석해봤습니다.

· 유튜버라면 반드시 알아야 할 꿀팁입니다!

· 당신도 이걸로 성공할 수 있습니다.

· 이걸 따라 하면 구독자가 폭발합니다!

· 모든 유튜버가 궁금해하는 비밀입니다.

· 여러분, 이게 대체 무슨 일일까요?

· 이 한 마디가 유튜브 인생을 바꿀 수 있습니다.

· 이렇게 하면 유튜브 수익이 10배 늘어납니다!

· 이 영상이 끝나기 전에 구독자가 늘어납니다.

· 유튜브에서 성공하는 가장 확실한 방법입니다.

· 실제로 해보니 결과가 놀랍습니다.

· 당신도 유튜브로 성공할 수 있습니다!

· 이 방법으로 100만 조회수 찍었습니다.

· 유튜브 추천 영상에 올라가는 핵심 비결입니다.

· 유명 유튜버들도 따라 하는 방법입니다.

· 구독자 수가 갑자기 늘어나는 이유입니다.

· 이 영상 하나로 유튜브 수익 10배 증가!

· 이렇게 하면 유튜브 알고리즘이 반응합니다.

· 이 한 가지 팁으로 영상이 대박 났습니다.

· 당신도 유튜브로 돈을 벌 수 있습니다!

· 100만 유튜버들이 말하는 성공 비결입니다.

· 이 영상을 끝까지 보면 반드시 도움이 됩니다.

· 조회수 10배 올리는 숨겨진 비법 공개!

· 이제까지 몰랐던 유튜브의 비밀입니다.

· 이 영상이 유튜브를 바꿔놓을 겁니다.

· 유튜브로 월 1000만 원 버는 방법입니다.

· 이 방법을 모르면 유튜브 성공 어렵습니다.

· 유튜브에서 성공하는 사람들의 공통점입니다.

- 이렇게 하면 시청 유지율이 올라갑니다.

- 유튜브 수익이 안 늘어나는 이유입니다.

- 유튜브를 제대로 활용하는 방법입니다.

- 구독자 1000명까지 단기간에 도달하는 법!

- 유튜브가 직접 추천하는 방법입니다!

- 유튜브에서 트렌드 잡는 법 공개!

- 100만 조회수를 달성한 영상의 특징입니다.

- 이걸 보면 유튜브 성공 확률이 올라갑니다.

- 유튜브에서 사람들이 가장 많이 실수하는 것.

- 이 방법을 모르면 유튜브 조회수가 안 나옵니다.

- 영상 하나로 10만 조회수 넘기는 방법입니다.

- 구독자들이 좋아하는 콘텐츠 유형입니다.

- 이걸 안 보면 유튜브 성공 어렵습니다!

- 이제까지 본 영상 중 가장 강력한 팁입니다.

- 유튜브로 월 100만 원 버는 현실적인 방법!

- 이걸 적용하자마자 유튜브 조회수가 폭발했습니다.

- 유튜브 초보자도 쉽게 따라 할 수 있습니다.

- 유튜브 알고리즘을 뚫는 강력한 방법입니다.

- 영상 클릭률을 높이는 확실한 비법입니다.

- 유튜브에서 가장 효과적인 편집법입니다.

- 유튜브에서 돈 버는 진짜 방법 공개!

- 이렇게 하면 유튜브 추천에 자주 뜹니다.

- 유튜브에서 시청자를 오래 머물게 하는 법.

- 유튜브 구독자를 빠르게 늘리는 방법입니다.

- 유튜브 시작하기 전에 꼭 알아야 할 정보!

- 이걸 하면 유튜브 수익이 자동으로 증가합니다.

- 이 영상이 유튜브 성공의 열쇠가 될 것입니다.

디스이즈머니의
유튜브 노출 설계법
: 유튜브 키워드 분석과 SEO 작성 도구

필자가 직접 개발한 '유튜브 키워드 분석과 최적화 SEO 작성 도구'는 시중에서 흔히 볼 수 있는 도구가 아닙니다. 직접 유튜브 채널을 키우고 관리하며 꼭 필요한 기능만 골라 직접 설계한 자체 제작 챗GPT 앱입니다.

실제로 많은 크리에이터에게 유료로 제공되고 있는 프리미엄 도구이지만 이 책을 다 읽은 후 실행에 옮기는 독자님들의 성공을 위해 특별히 무료로 제공합니다. QR 코드를 스캔하여 상위 노출을 부르는 황금 키워드를 찾고 나의 영상에 활용해 보세요!

1-1
유튜브 키워드 분석 도구

유튜브 키워드 분석 도구는 유튜브의 최신 검색 트렌드를 분석하고 사용자에게 알맞은 키워드를 제안합니다.

▶ 유튜브 키워드 분석 도구 핵심 기능

- 키워드 경쟁 수준(높음/낮음) 분석

- 검색량과 연관 키워드 추천

- 사용자의 콘텐츠와 알맞은 키워드 제안

▶ 사용 방법

홈 화면 하단의 [무엇이든 물어보세요] 입력란을 클릭한 후 원하는 키워드를 입력합니다.

유튜브 SEO 작성 도구

유튜브 SEO 작성 도구는 나의 유튜브 콘텐츠와 어울리는 SEO 요소를 자동으로 작성해 주는 기능을 제공합니다.

▶ 유튜브 SEO 작성 도구 핵심 기능

- 제목, 설명, 태그 등을 효율적으로 작성

- 관련 키워드를 포함하여 검색 상위 노출 전략 제공

- 키워드만 입력해도 되고, 기존에 작성한 SEO 내용을 붙여넣기를 해도 됩니다.

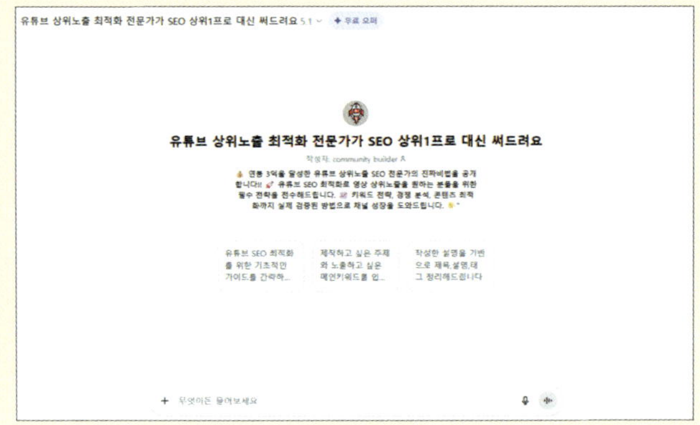

▶ 사용 방법

홈 화면 하단의 [무엇이든 물어보세요] 입력란을 클릭한 후 원하는 키워드 또는 작성한 SEO 내용을 붙여넣기를 해주세요.

디스이즈머니의
추천 AI 도구

필자가 유튜브를 운영하며 직접 사용해 보고 큰 도움을 받았던 AI 도구를 엄선
하여 소개해 드립니다. QR 코드를 스캔하여 바로 확인해 보세요!

1-1

텍스트·기획·분석형 AI

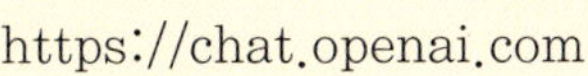 챗GPT

기획 · 전략 · 카피 전 영역을 안정적으로 커버하는 범용 생성 모델.

https://chat.openai.com

▶ 클로드

장문 구조화 · 논리적 서술 · 리라이팅에 특화된 고품질 텍스트 모델.

https://claude.ai

▶ 제미나이

검색 · 팩트 기반 분석 · 멀티모달 리서치에 최적화된 정보형 모델.

https://gemini.google.com

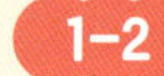

1-2
이미지 생성·그래픽 제작

▶ 나노 바나나 프로

실사 · 광고급 이미지와 텍스트 정확도에서 최고 수준의 구글 차세대 생성 모델.

https://gemini.google.com/

▶ 미드저니

감성 · 예술 스타일에 강하며 무드보드 · 썸네일 제작에 최적.

https://www.midjourney.com

▶ Adobe 파이어플라이

포토샵 기반 상업용 합성 · 보정에 최적화된 통합 이미지 제작 엔진.

https://firefly.adobe.com

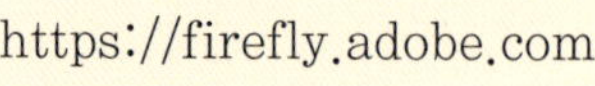

▶ 그록 Image

빠른 생성이 장점이나 스타일 편향이 강해 실험용에 적합.

https://grok.com/imagine

▶ 이미지FX

디테일 · 색감 · 정교한 표현력이 뛰어난 크리에이티브 이미지 모델.

https://labs.google/fx/ko/tools/image-fx

1-3
영상 생성·편집·제작

▶ 클링

인물 · 카메라 무빙 · 실사 쇼츠 생성에 강한 고품질 영상 모델.

https://app.klingai.com/

▶ 베오 3(google flow)

시네마틱 품질 · 고해상도 영상 생성에 최적화된 Google 대표 모델.

https://labs.google/fx/ko/tools/flow

▶ 런웨이

실사 기반 VFX · 합성 · 편집 자동화에 최적화된 AI 영상 편집 플랫폼.

https://runwayml.com

▶ Sora

물리 기반 시네마급 장면 생성이 가능한 최고 수준의 영상 생성 모델.

https://sora.chatgpt.com

▶ Hailuo

얼굴 · 표정 · 감정 유지가 뛰어난 인물 중심 AI 영상 생성 모델.

https://hailuoai.video

1-4

통합 제작 플랫폼
(이미지·영상·오디오·모델 호출 All-in-One)

▶ Higgsfield

클링/Veo/소라 연동 + 영상 · 이미지 · 오디오 · 에이전트 모두 되
는 프로 제작 스튜디오.

https://higgsfield.ai/

▶ 프리픽

이미지 · 일러스트 · 영상 · 템플릿 · AI 생성까지 제공하는 크리에
이터용 통합 리소스 플랫폼.

https://www.freepik.com

개발·자동화·프로덕션

▶ 커서 AI

코드 자동화 · 리팩토링 · 전체 프로젝트 구조화를 지원하는 차세대 AI 개발 IDE.

https://cursor.com

음악 생성·음원 제작

▶ 수노

실사 보컬 · 멜로디 · 작곡까지 가능한 AI 음악 제작 모델로 풀 트랙 생성에 최적.

https://suno.com

▶ 아트리스트

상업용 라이선스 음악 · 효과음 · BGM을 무제한 제공하는 프로덕션용 음원 플랫폼.

https://artlist.io

AI로 완성하는 고수익 유튜브 운영 비법

초 판 발 행	2026년 01월 30일
발 행 인	박영일
책 임 편 집	이해욱
저 자	현승효(디스이즈머니)
편 집 진 행	성지은
편 집 디 자 인	김세연
표 지 디 자 인	김지수
발 행 처	시대인
공 급 처	(주)시대고시기획
출 판 등 록	제 10-1521호
주 소	서울시 마포구 큰우물로 75 [도화동 538 성지 B/D] 9F
전 화	1600-3600
홈 페 이 지	www.sdedu.co.kr

I S B N	979-11-434-0708-5 (13000)
정 가	18,000원

시대인은 종합교육그룹 (주)시대고시기획 · 시대교육의 단행본 브랜드입니다.